本著作得到国家自然科学基金面上项目（71571044）
“关键词拍卖机制均衡分析：从广告主角度”的资助

韩帅·著

带预算约束的关键词拍卖问题研究

山西出版传媒集团
山西经济出版社

图书在版编目（CIP）数据

带预算约束的关键词拍卖问题研究 / 韩帅著 . —太原：山西经济出版社，2021. 5
ISBN 978-7-5577-0846-7

Ⅰ. ①带… Ⅱ. ①韩… Ⅲ. ①广告—拍卖—研究
Ⅳ. ①F713. 8 ②F713. 359

中国版本图书馆CIP数据核字(2021)第074387号

带预算约束的关键词拍卖问题研究
DAI YUSUAN YUESHU DE GUANJIAN CI PAIMAI WENTI YANJIU

著　　者：韩　帅
出 版 人：张宝东
责任编辑：解荣慧
装帧设计：赵　娜

出 版 者：山西出版传媒集团·山西经济出版社
地　　址：太原市建设南路21号
邮　　编：030012
电　　话：0351—4922133（市场部）
　　　　　0351—4922085（总编室）
E - mail：scb@ sxjjcb. com（市场部）
　　　　　zbs@ sxjjcb. com（总编室）
网　　址：www. sxjjcb. com

经 销 者：山西出版传媒集团·山西经济出版社
承 印 者：山西新华印业有限公司美术印刷分公司

开　　本：787mm×1092mm　1/32
印　　张：7. 75
字　　数：175 千字
版　　次：2021 年 5 月　第 1 版
印　　次：2021 年 5 月　第 1 次印刷
书　　号：ISBN 978-7-5577-0846-7
定　　价：49. 00 元

前　言

拍卖也称为竞买，是一个拍卖群体决定价格与分配的过程。拍卖理论作为微观经济学的一个分支，已成功应用于很多领域。人们熟知的拍卖形式有苏富比和佳士得拍卖行进行的艺术品拍卖，以及土地管理部门出让土地使用权的拍卖等。由于互联网技术的快速发展，搜索引擎已成为人们获取信息的主要工具之一。因为它不受时间和地点的限制，人们可以通过互联网随时随地进行信息检索。而关键词广告作为搜索引擎主要收入来源，全世界每年的成交金额高达数百亿美元，远远高于传统拍卖交易市场。因此，很多学者已投身于关键词拍卖领域进行学术研究。回顾文献发现，早期学者的研究并没有考虑广告主的预算约束，但在实际情况中，广告主制定广告报价策略一定会考虑预算约束。此外，从商业角度来看，相比传统广告高额的广告费，很多中小企业更愿意选择投放价廉质优的关键词广告，但他们需要面对广告预算有限的问题。而大企业从经济效益角度考虑，为提高自身投资回报率，也会制定合理的预算策略。如果预算设置过高，容易造成资源浪费；而预算设置过低，投放的关键词广告在线时间短，影响推广效果。鉴于此，基于关键词拍卖的相关文献和已有成果，并结合关键词广告的实际发展状况，本书研究了带预算约束的广告主参与关键词拍卖的均衡报价策略以及搜索引擎的收益大小等问题。

首先，基于纳什均衡条件分析了广告主报价向量在广义第二价格拍卖机制下达到带预算约束的纳什均衡问题。定义了带预算约束的纳什均衡，给出纳什均衡下广告主报价的上界和下界，分析了广告主提高报价无利可图应满足的充要条件，并使用数值实例验证了有关结论。此外，通过数值实例的结果表明广告主降低报价后收益的不同变化情况。通过广告主的报价上界和预算给出广告主报价向量，是带预算约束的纳什均衡应满足的充要条件。最后，从搜索引擎角度，考虑两位广告主竞争一个广告位达到带预算约束的纳什均衡时应满足的条件，以及达到均衡时搜索引擎的收益大小。结果显示，考虑预算约束的搜索引擎收益大于等于不考虑预算约束时的情况。

其次，在维克里-克拉克-格罗夫斯（VCG）机制下对广告主报价向量达到带预算约束的全局无嫉妒纳什均衡的问题进行了研究。给出广告主在全局无嫉妒纳什均衡下支付的上下界，并提出带预算约束的全局无嫉妒纳什均衡的概念，分析广告主提高报价后收益的变化情况，给出无利可图的充要条件，并通过数值实例验证，研究了广告主的报价上界不满足全局无嫉妒均衡的条件，证明了由报价上界构成的向量满足全局无嫉妒纳什均衡。通过这两个引理，最终得到广告主报价向量是带预算约束的全局无嫉妒均衡的充要条件。这个结果是对带预算约束的对称纳什均衡的扩展。

最后，分析了在广告展示时间不固定的情况下，广告主报价能否达到带预算约束的纳什均衡的问题。在考虑预算约束的关键词拍卖中，广告主退出竞拍的条件为自身预算耗尽。这种情况下，广告主参与拍卖的时间，由自身预算和报价共同决定。当广告主预算是自身支付的整数倍时，提高报价后无利可图，而降低报价却是有利可图的，因此，在这种假设下广告主的报价向量无法达到带预算约束的纳什均衡。此外，针对预算对广告主收益的影响进行了讨论，建立了一个简单模型，分别给出了参与竞拍的广告主的收益变化趋势情况。结果显示，当两人预算超过临界值时，广告主报价向量达到带预算约束的纳什均衡。

韩 帅

2020 年 12 月

目　录

……佳士得拍卖行已经是世界……

……两家拍卖行有各自擅长的……

……的伦敦拍卖行叫……

……逐渐发展，相关法规逐步……

……后，目前世界上著名的拍卖行都……

……相结合，成为……

……拍卖行规模较小……

……各类拍卖行，其中不少属……

……拍卖行在宽敞的……

……知名度较高的社交场所内从事拍卖

第一章　绪论

本章将主要介绍关键词拍卖的研究背景，并分析现有研究的不足之处，确立以带预算约束的关键词拍卖作为本书主要的研究对象。在此研究背景下，简要介绍本书的研究意义、研究中遇到的难点、研究思路以及解决问题使用的基本方法。最后给出本书的研究内容与各章节的具体安排，并指出本书的创新点。

一、研究背景

近年来随着经济社会的快速发展，人们获取资讯的方式和手段也发生了巨大变化。早期人们主要通过传统媒体获取信息，如：电视、广播、杂志、报纸等。这些媒体覆盖面广，信息获取成本低，但是传播方式较为被动，信息精确度低，缺乏针对性，有效信息难以及时获取。随着互联网与信息技术的迅猛发展，受传统媒体自身存在的缺陷的影响，网络成为人们获取信息的最佳途径。但从浩如烟海的网络资源中寻找所需的信息仍然十分困难，用户迫切希望出现某种工具可以解决这个问题，所以搜索引擎就应运而生。该系统使用相应的计算机程序搜集互联网中的信息，并基于关键词匹配技术进行组织和协调处理，进而为用户提供各项检索服务。1990 年，加拿大麦吉尔大学计算机学院的 Alan Emtage、Peter Deutsch 和 Bill Wheelan 开发了世界上第一个搜索引擎 Archie，它可以搜索 FTP 服务器上的文件；1993 年 6 月，世界上第一个网页搜索引擎 World Wide Web Wandere 发布，该系统仅仅可以检索网址；同年 10 月，Kosterc 创建了第二个网页搜索引擎 ALIWEB，在之前系统的基础上进行了改进，相当于 Archie 的 HTTP 升级版本，能够检索网站的标题标签等索引信息。① 之后随着雅虎、谷歌、百度等互联网公司的相继成立，搜索引擎技术也取得了长足的进步。由于操作的便捷性（用户仅需要在搜索栏中输入关键词就可以获得相应的海量资讯）和内容的精准性，越来越多的人将搜索引擎作为获取网络信息的首选工具。而且近年来凭借智能手机与移动互联网的深入普及与发展，各行各业的用户都可以随时随地使用移动设备通过搜索引擎检索方便快捷地获取自己所需的信息。网络搜索在形式上有别于其他信息传播方式，主要有以下两个特点：

（1）信息集大成者。搜索引擎通常不生产信息内容，而是通过一定的技术手段对互联网中的信息资源进行搜集提取并整理后供用户检索，所以搜索引擎上的信息流量非常巨大。因此，它也被称作信息的集大成者。

① 《搜索引擎发展史》，http：//www. sowang. com/yyfzs. htm，访问日期：2020 年 10 月 6 日。

（2）不能决定信息的内容但可以控制信息的传播。传统媒体往往会参与所提供信息内容的生产与采集过程，可以决定传播的内容，所以在生产内容环节上具有一定优势。但对于大多数的信息资源，即使内容再好，没有传播渠道也无法传达给相应受众。而搜索引擎既可帮助用户与所需信息建立直接联系，实现高度精准、快速和有效的信息获取，也能够通过技术手段阻断一些不良信息的传播，净化网络环境。

截至2020年12月，中国网民规模已达到9.89亿人，较2020年3月增长8540万人，互联网普及率达到70.4%，较2020年3月提升5.9个百分点。其中手机网民规模达9.86亿，较2020年3月增长8885万人，网民中通过手机上网的占比达到99.7%，较2020年3月提高0.4个百分点。我国搜索引擎用户的规模为7.69亿人，占整个互联网用户的77.8%，用户规模较2020年3月增加1962万人，增长率为2.6%。其中手机搜索用户规模为7.68亿人，占手机网民的77.9%，较2020年3月下降5.2个百分点，用户规模较2020年3月增加2300万人，增长率为3.1%。数据还显示，随着网络购物和网络视频（含短视频）的兴起，搜索引擎的用户规模有所下降，移动互联网应用用户规模排在第四位，整体互联网应用用户规模排在第六位。尽管如此，搜索引擎整体网民使用率仍为77.8%[①]，体量依旧巨大。

在这个大数据时代，科技高度发达，信息传播广泛，网络

---

① 中国互联网络信息中心，《第44次〈中国互联网络发展状况统计报告〉》，http：//www.cac.gov.cn/2019－08/30C_ 1124938750.htm，访问日期：2020年10月9日。

上每天产生的数据规模十分庞大，种类繁多，例如文字、图片、视频、音频、位置信息等，并且时效性非常强。而搜索引擎也在不断更新完善技术手段，以适应用户多种多样的搜索需求，并根据用户数据随时进行调整。有相关研究显示，用户对搜索引擎的依赖程度远远高于任何一家门户网站[①]。除了用户的深度需求外，搜索引擎作为一个纯技术的网络工具，基于互联网的海量数据，其科学和规范的客观性也发挥了重要作用。因此，随着搜索引擎的影响力日益增强，从自身商业利益出发，各大搜索引擎网站都推出了各自的付费广告服务系统，如：谷歌、雅虎、微软、百度、腾讯、阿里巴巴等企业都出售自己网站上的相关广告位。2020 年 2 月 28 日，百度公司公布了该公司截至 2019 年 12 月 31 日的 2019 年第四季度及全年未经审计的财务报告。数据显示，百度第四季度总营收达到 289 亿元人民币，同比增长 6%，环比增长 3%，其中百度第三季度在线营销收入为 208 亿元人民币，同比下降 2%，环比增长 2%，其占比约为 72%；全年总收入为 1074 亿元人民币，同比增长 5%，在线营销收入为 781 亿元人民币，同比下降 5%，其占比约为 73%[②]。2020 年 2 月 4 日 Alphabet 公司（谷歌母公司）发布了该公司截至 2019 年 12 月 31 日的第四季度财报。该份财报显示 Alphabet 公司第四季度总营收为 460.75 亿美元，相比上年同期营收的 392.75 亿美元，同比增长 17%。其中谷歌第四季度广告总营收为 379.34 亿美元，相较上年同期的

① 《2016 年我国搜索引擎行业发展概况分析》，http：//www.chyxx.com/industry/201612/475011.html，访问日期：2016 年 12 月 7 日。

② 《百度 2019 年 Q4 财报：总营收 289 亿元，同比增长 6%》，https：//www.sohu.com/a/376409183_120162166，访问日期：2020 年 2 月 28 日。

325.18亿美元，同比增长17%，增速与上一季度持平，不及上年同期增速的20%，数据显示互联网广告收入已占其总收入的82.3%[①]，虽然广告业务营收增速放缓，但仍占据主导地位。这些数据表明，互联网广告已成为互联网企业的重要盈利模式之一。而关键词广告作为互联网广告的一个主要组成部分，也早已受到学术界的关注。如图1.1显示，我国网络广告市场搜索广告规模及增长趋势[②]。

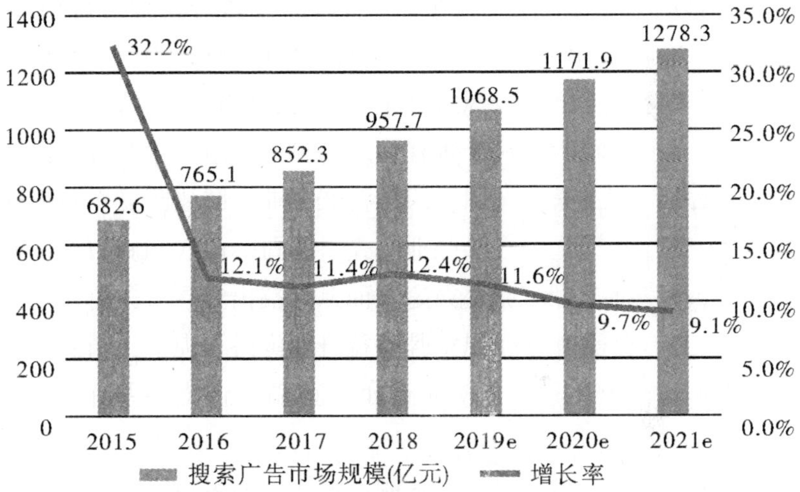

图1.1 我国网络广告市场搜索广告规模及增长趋势（2015—2021年）

---

① 《Alphabet财报图解：2019年Q4 Alphabet净利润106.71亿美元 同比增长19%》，https：//tech.sina.com.cn/roll/2020-02-04/doc-iimxyqvz0217526.shtml，访问日期：2020年2月4日。

② 《寻找营销的道与术——2019年中国网络广告市场年度监测报告》简版，https：//maxbook118.com/html/2019/0630/7043110152002035.shtm，访问日期：2019年7月1日。

2018年搜索广告市场规模达到957.7亿元，同比增长12.4%，与2017年相比，增速有所上升①。自2017年搜索广告增速触底反弹，已经进入平稳增长阶段。从用户端看，搜索服务用户在已有较高使用率的情况下，仍然保持一定增长。从产品端看，头部搜索产品都在积极布局信息流和短视频两种形式，未来智能搜索加信息流、短视频多引擎驱动下，可以更精准地覆盖用户，并推动搜索广告市场稳定增长。

关键词广告是广告主根据自己产品或所提供服务具备的特点，确定相应关键词，撰写广告内容并投放在搜索引擎网站上的广告。关键词广告具有针对性强、价格低廉、形式简单、调整方便、实时显示、效果显著等优势。它与传统广告模式相比，存在很大的差异。第一，它是由用户的主动行为引发的广告展示，这使得广告主可以更精确地找到其产品或服务的潜在消费人群。例如：在一场体育比赛直播的前后插播运动服饰的广告是一个很好的选择，因为喜欢观看体育赛事的观众往往也是运动服饰的潜在消费群体。但是，运动服饰广告与当时电视观众的需求还是有一定差别的，他们毕竟是为了观看体育比赛才花时间坐在电视机前的，并不是为了运动服饰的广告才来的。然而关键词广告则不同，它是由用户在搜索栏中输入“运动服”“运动鞋”等相关关键词主动触发的，所以他们对运动服饰的需求更加明确，极有可能转化为该广告中产品的实际消费者。第二，关键词广告的边际成本很低，只要搜索引擎网站

---

① 《寻找营销的道与术——2019年中国网络广告市场年度监测报告》简版，https://maxbook118.com/html/2019/0630/7043110152002035.shtm，访问日期：2019年7月1日。

建立广告投放系统，则展示一次关键词广告的边际成本接近于零。以室外的灯箱广告为例，如果有广告主需要做灯箱广告，则必须投入设计制作成本、购买材料成本以及人工成本，即使该广告公司运营管理得当，业务非常娴熟，这些成本的投入也不可避免。而相较之下，关键词广告的额外成本就是几行广告文案和 URL 地址（Uniform Resource Locator，统一资源定位符）。即使与平面媒体（报纸、杂志）广告相比，关键词广告的成本优势依然明显。这一特点对于中小微企业进行市场推广非常重要。第三，关键词广告的效果可以精确统计。由于关键词广告是以电子资源的形式展示在搜索结果页面上，因此用户的检索量、广告展示量、广告被点击次数以及用户在广告主页面的浏览或购买行为等都能够被相关搜索网站精确记录用于评价关键词广告的效果。以上这些特征都是传统广告模式所不具备的。如图 1.2 即为展示出搜索结果页面上的关键词广告。

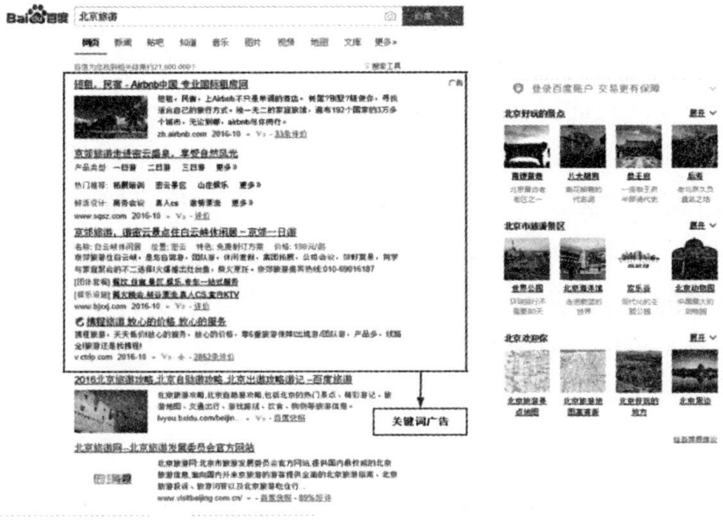

图 1.2　在百度搜索“北京旅游”的搜索结果页面

关键词拍卖（也叫付费搜索拍卖、赞助搜索拍卖）是搜索引擎网站推出的一项付费广告服务项目。当用户使用搜索引擎进行检索时，在搜索结果页面中自然搜索结果的上方、下方，或者右方显示与关键词相关的广告链接（当该关键词有多位广告主报价竞买时，搜索引擎采用竞价方式进行排名），若用户对该广告感兴趣点击了广告链接，则该广告主需要付费给搜索引擎网站，若没有用户点击则不收费。由于广告位的稀缺性以及追求自身利益最大化，搜索引擎企业通常都采取关键词拍卖的方式出售搜索结果页面的广告位。按照出价的高低进行排序，广告主以此获取相应广告位。谷歌、必应、百度等搜索引擎网站每天都有数以亿计的用户进行访问，搜索信息、获取资讯，所以能够吸引到众多广告主参与广告位竞拍。

关键词广告的发布通常包含三个步骤。第一，关键词广告位的拍卖。这个步骤发生在搜索引擎与广告主之间，广告主需要给搜索引擎提供一组关键词、对各个关键词的报价以及具体的广告创意文案。广告主首先选择一些与自身产品市场推广目标相一致的关键词。例如：某位广告主的企业是一家为用户提供旅游服务的网站，则他可能会选择“酒店预订”“飞机票”“热门景点门票”“宾馆住宿”等关键词。当网民搜索以上关键词时，这家网站的广告就会伴随自然搜索结果出现在搜索结果页面的某个广告位上。广告主还需要对提交的每一个关键词给出一个报价，即当用户点击一条关键词广告，该广告主愿意为这次点击支付给搜索引擎的最高价格。第二，广告位的分配。这个步骤发生在搜索引擎与用户之间，搜索引擎会在用户检索关键词之后展示相匹配的广告。对于一个特定的关键词，如“电视机”，搜索引擎将从自己的广告库中调取相应的广告，按照一定的规则排列在搜索结果页面的广告位上。这个步骤的重点是选取合适的广告，并为其排序，对应的算法被称为排序规则，也叫作广告投放算法。广告主在第一步中提供的报价会直接影响他在第二步中的广告展示结果。第三，广告主获得广告位后的支付规则。这个步骤涉及搜索引擎、广告主和用户三方，如果用户对排在搜索结果页面上的某条广告感兴趣并点击了广告链接，广告主需要按照搜索引擎制定的规则支付广告费给搜索引擎（该规则被称为支付规则）。用户则根据自身需求考察广告主，最终选择接受或拒绝广告主提供的产品或服务。从表面上看，这个流程不应该属于广告发布的范畴，但是广告主和用户能否达成交易，成交时的体验感受都将对他们以后在前两个步骤中的行为产生一定影响。例如：如果用户的购买体验很差，对该企业失去信心，今后可能会减少甚至不再点击关键词广告；如果关键词广告的投放效果不好，广告主可能会降低未来对搜索引擎的广告预算，甚至放弃报价，离开该平台。图 1.3 展示的是搜索引擎、广告主和用户在关键词拍卖过程中所起的作用和相互关系。

综上所述，关键词拍卖的参与者一般由三部分组成：搜索引擎、广告主和用户。他们的利益诉求各不相同：搜索引擎希望在此过程中获得最大的收益，广告主希望找到最符合他们要求的顾客（用户），以销售他们的产品或服务，而用户最希望找到与自己意图相关的广告，以满足自己对商品或服务的需求。搜索引擎作为关键词拍卖的主导者，通过排序规则和支付规则影响并指引着广告主与用户的行为。广告主基于各种信息与搜索引擎的两个规则制定出报价策略。用户则根据自身的需求状况点击感兴趣的广告。广告主与用户的行为会反馈给搜索引擎，使搜索引擎优化排序规则和支付规则，从而提高整个社会的效率。

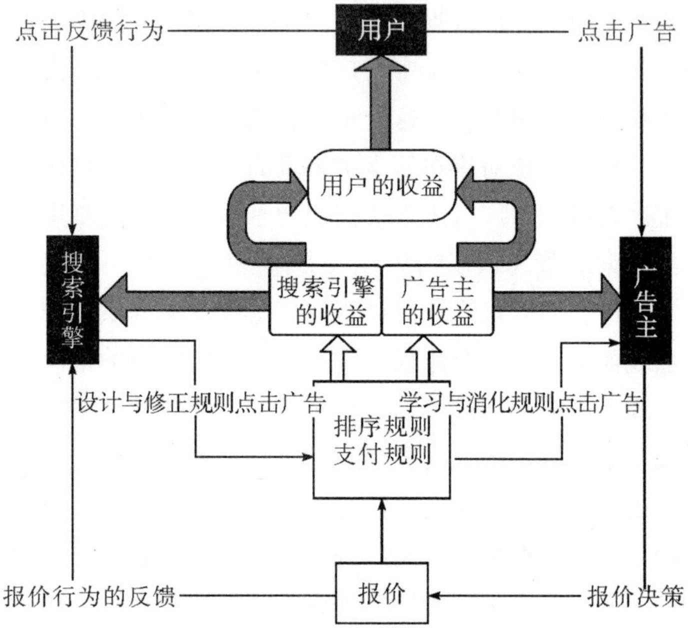

图 1.3　搜索引擎、广告主和用户在关键词拍卖中所起的作用和相互关系

预算是指国家、团体或企业等对未来一定时期内的收入和支出的计划，也可以指企业或个人未来一段时间内经营、资本、财务等各方面的收入、支出、现金流的整体规划。它将各项经济活动以货币的形式表现出来，对经济走势有很重要的影响。而搜索引擎营销中的经济活动也不可避免地与预算相关，尤其是关键词拍卖问题。一家企业无论规模大小，都会在它的总预算里分配一定的比例作为广告预算。即使某家企业规模大、实力强，但出于对自身商业利益的考虑，也需要合理规划广告预算，以达到收益最大化。在关键词拍卖中，预算成为广告主竞争获取广告位的一种资源。如果某位广告主拥有的预算充足，那么他可以对一个关键词出高价以赢得更多展示广告的机会；反之，如果广告主的预算较少，则他只能出低价或者预算很快耗尽退出竞价，这会导致他损失很多点击量。一个好的预算决策使广告主提高的收益远大于仅仅靠单纯增加预算总量而提高的收益，并且许多广告主来自中小微企业，他们面临着更为严格的预算约束状况。因此，在投放关键词广告时，广告主们都会很谨慎地制订他们的预算计划。

在关键词拍卖中，预算属于一个外生因素，预算决策会很大程度地影响其他广告策略的制定，例如：出价策略、选词策略等。广告主需要综合所有这些策略以达到最优的效果。一个好的预算策略将对其他广告策略产生积极影响，反过来这些策略制定得当也会对预算策略产生良好的反馈效果。预算还与拍卖机制、排名算法、点击率、报价、参与竞价的时间以及展示效果等因素相关，所以广告主制定预算决策需要进行综合考量。近年来，国内外学者关于带预算约束的关键词拍卖问题的研究成果不断涌现，对该领域的理论研究起到了很大的促进作用。总而言之，该问题是在关键词拍卖的实际研究背景下提出的，对经济社会的可持续发展也将起到一定的指导作用。

二、研究意义

（一）研究的理论意义

拍卖理论是经济学理论的一个重要分支，也是微观经济学的一个成功应用。而关键词拍卖是将拍卖理论应用于互联网广告领域的典范。作为一种新型的在线广告拍卖模式，它应用了经济学、管理学、数学与计算机科学等众多交叉学科的理论知识，具体涉及博弈论、信息经济学、机制设计理论与优化理论等众多领域，相互促进，共同发展。其中带预算约束的关键词拍卖的理论研究更加符合实际情况，有助于将理论知识应用到实际中。

关键词拍卖以出售搜索引擎的广告位为目的，与传统拍卖模式存在一些差别。首先，所有交易由计算机后台操作进行，交易时间很短，近似于实时完成。其次，由于同一时间用户检索量巨大，服务器必须同时将大量广告匹配到相应关键词，所以对拍卖机制和效率有着很高的要求。再次，广告主的最优竞价以及广告位的分配问题都由计算机来解决，这使得机制设计和预算分配策略的制定变得非常关键。最后，关键词广告与传统消费品有很大不同。它的价值体现在占有广告位后对自家品牌的传播与推广，而不在于占有广告位；能否获得经济效益，取决于广告推广效果，具有一定的未知风险；占有的广告位具有时效性，预算一旦耗尽，就无法获得广告位，若闲置就会浪费资源。一些可再生资源也具有类似特征，因此关键词拍卖的研究对其他相似资源的分配也具有一定的借鉴意义。

2002 年 5 月，著名经济学权威 Varian 加入谷歌，受聘为该公司首席经济学家，利用拍卖理论优化谷歌的广告拍卖系统，并参与了数据查询、广告行为、收入预测、广告有效性、首次公开募股拍卖等项目，创造了庞大利润。2014 年 6 月，微软宣布任命著名经济学家 McAfee 为该公司首席经济学家。他曾担任谷歌的战略技术主管，在 2007 年至 2012 年担任雅虎的首席经济学家，负责研究市场和分析数据的工作。这些学者都针对关键词拍卖进行了大量的理论研究工作。

在关键词拍卖研究方面，学者们已得出很多研究成果。Varian（2007）的论文在*International Journal of Industrial Organization*发表，以及 Edelman 等（2007）、Edelman 和 Schwarz（2010）的论文发表于顶级经济学期刊 *The American Economic Review* 上，说明关键词拍卖问题已引起学术界的广泛关注。

综上所述，关键词拍卖是一个新兴的研究领域。对于带预算约束的关键词拍卖问题的理论研究，一方面可以促进关键词广告行业健康有序发展，为搜索引擎企业提供理论指导；另一方面也为广告主们制定预算及报价策略，提高经济效益，增加整体社会福利，提供理论依据。因此，该问题的研究对丰富和完善关键词拍卖理论起着非常重要的作用。

（二）研究的实际意义

现在，越来越多的人将搜索引擎网站作为进入互联网世界的入口，这为关键词拍卖成长为最主要的在线广告传播途径提供了肥沃的土壤。也正是由于这个原因，数以百万计的广告主涌入付费搜索领域，使其市场规模迅速扩大。而对于参与关键词拍卖的广告主们，尤其是那些来自中小微企业的广告主，由于他们的财政状况，需要常常面对广告预算约束的问题。而对于大型企业广告主来说，虽然预算约束问题没有规模小的企业那么严峻，但是从经济学角度考虑，每个理性的广告主都想获取更大的收益，不会一味地投入而不考虑回报。如果预算设置过高，就会造成不必要的浪费，影响企业收益；而预算设置过低，就会导致投放广告在线时间短，影响企业产品或服务的推广效果。因此，研究如何分配关键词广告预算直接关系到广告主的切身利益。

关键词广告相比早期网络广告模式（如旗帜广告[①]），更适合搜索引擎使用。因为用户使用搜索引擎时，输入关键词检索信息，目标比较明确，注意力往往集中在搜索结果上，使得旗帜广告效果很差。而关键词广告由于与用户检索内容相关，转化率比旗帜广告要高得多。现在的搜索引擎都已建立了完善的广告投放系统，使得单次点击支付费用很低，并且广告投放效果比较容易度量，所以广告主更愿意选择投放转化率高的关键词广告。搜索引擎的关键词广告收入都来自广告主，从广告主角度出发进行研究，使广告主获得较高的投资回报率。在此基础上，只有兼顾搜索引擎的收益情况，才能实现整个经济社会效率的大幅提升。

广告主发布关键词广告，必须支付给搜索引擎一定的广告费用，支付方式有按展示支付、按点击支付以及按转化率支付等。现在搜索引擎普遍使用的方式是按点击支付，即广告主需要为用户每次点击关键词广告支付费用。广告主报价的高低决定了其广告位置排名，报价越高排名越靠前，从而获得的点击数越多。但是不考虑预算约束，每位广告主从始至终参与拍卖，广告主获得的高点击量会导致支付费用大幅提高，从而收益减少，这与实际拍卖情况明显不符。因此，我们有必要引入预算、竞价时间等变量，分析广告主参与拍卖的情况，从而指导广告主在实际中如何制定合理预算策略，获取更大的收益。综上所述，对于带预算约束的关键词拍卖问题研究也具有十分

---

① 旗帜广告即条幅广告，是展现在网页的上方或下方的小公告牌上的广告。因其形状像旗帜而得名。它是早期在线广告营销的主要方式。缺点是投放的针对性较差，价格也较高。

重要的实际意义。

三、研究难点、思路与方法

（一）研究难点

（1）本书研究带预算约束的关键词拍卖问题，主要难点在于寻找广告主的均衡报价策略。相比传统的关键词拍卖文献仅考虑广告主报价，广告主在实际制定投标策略时还要同时考虑预算约束，即广告主参与广告位竞价报出的是一个二元数组，广告主的竞价策略空间变成二维空间，并且广告主的效用函数（收益函数）不再是线性函数，从而导致给出带预算约束的关键词拍卖均衡报价策略变得非常困难。

（2）由于搜索引擎的收益主要来自广告主，即广告主投放关键词广告需要付费给搜索引擎网站，而预算约束会影响广告主的报价策略，因此广告主的预算制定也会间接影响搜索引擎的收益。由于受广告主数量、广告位数量的影响，从理论角度分析预算如何影响搜索引擎收益变得较为困难。这里将模型进行简化，构建了一个预算相同的二人博弈模型进行研究。

（3）关于广告主是否有动机改变报价，需要比较报价偏离后与在原位时的收益大小。而一旦某位广告主改变报价，报价向量排序就会发生变化。预算约束的限制，不仅会影响改变报价后广告主参与拍卖的时间，同时也会间接影响其他报价排序变化的广告主的竞价时间。这使得找到报价向量的均衡条件成为一个难点。

（二）研究思路

广告主发布关键词广告，除了要考虑报价、估价、点击率等因素外，广告预算也是实际情况中一个不可或缺的因素。很多经济学家也对带预算约束的关键词拍卖做了大量的工作，取得了一定的进展。本书在前人已有相关结论的基础上，进一步对该问题展开研究。

本书按照从理论分析到模型研究的思路展开研究。首先，对国内外学者的相关文献进行回顾梳理，再从广告主角度出发，使用纳什均衡条件研究带预算约束的关键词拍卖问题，分别分析广告主报价向上偏离与向下偏离的情况，给出广告主达到带预算约束的纳什均衡时的充要条件，并分析预算在不同取值范围内对搜索引擎收益的影响。其次，基于 VCG 机制构建带预算约束的关键词拍卖模型，定义带预算约束的全局无嫉妒纳什均衡，推导出该均衡下广告主支付的上下界，并对广告主的报价策略及预算策略进行研究，证明相关结论。最后，考虑在广告展示时间不固定的情况下，带预算约束的广告主报价向量能否达到纳什均衡，并用数值实例验证结论。

（三）研究方法

本书主要使用理论分析的方法进行研究。首先，在 Varian 构建的关键词拍卖模型基础上，加入广告主预算这个变量，建立带预算约束的关键词拍卖模型。然后，运用拍卖理论与博弈论中的相关知识对带预算约束的关键词拍卖机制进行分析。最后，采用理论推导和数值模拟等方式从不同角度对带预算约束广告主的收益变化和均衡情况进行研究，并验证相关结论。本书所使用的具体研究方法如下：

1. 数理演绎法

本书的理论结果都是由严密的数理推导得出的。在基本前提假设下，通过严密的数学推导与证明，得出相关理论结果。在数理推导过程中，需要运用到很多高等数学与数理经济学方面的知识。

2. 博弈论

博弈论是研究关键词拍卖问题的一个重要工具，同时关键词拍卖理论的不断完善也促进了博弈论的进一步发展。博弈论中局中人、策略、信息、均衡、收益等概念及理论思想，是我们构建基本模型，并找到各种均衡策略的理论基础。本书主要使用博弈论中非合作博弈理论部分的完全信息静态博弈的思想，找到广告主报价向量达到带预算约束的纳什均衡的条件。

3. 数值模拟法

本书中的大部分结论是通过数学分析推导获得的，但部分结论很难通过数理推导得到。于是本书根据相关假设给出数据，运用 Matlab 软件进行数值模拟求解并绘制图像，从而验证相关结果的正确性。虽然采用数值模拟方式无法完全解决所研究的问题，但它从侧面给出一个新的思路，为我们今后从理论上证明提供了参考。

四、本书的技术路线与研究内容

（一）技术路线

本书的总体研究思路如图 1.4 所示。

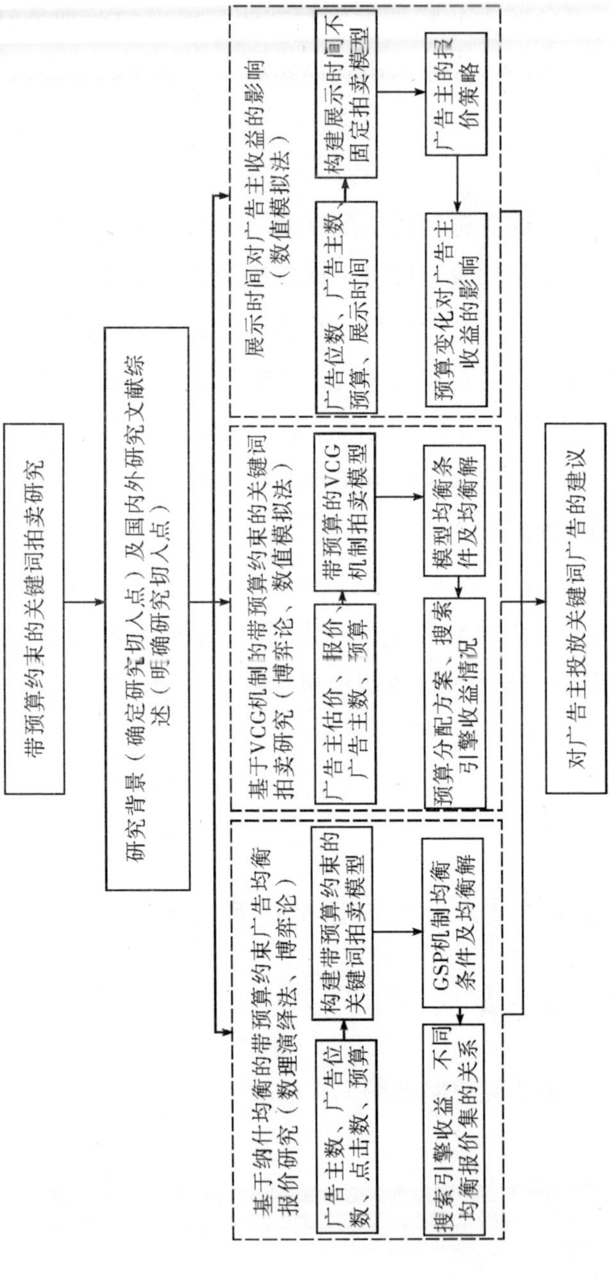

图1.4　本书总体研究思路

（二）研究内容

本书的研究内容具体安排如下：

第一章是绪论，主要介绍带预算约束的关键词拍卖的研究背景，并分别阐述了本书的理论意义与实际意义。在此基础上，简要介绍了本书的研究思路与所使用的研究方法。最后，给出本书的结构安排与主要研究内容，并指出本书的创新点。

第二章是文献综述，首先介绍拍卖的历史、拍卖行的发展历程及拍卖的基本理论知识。其次对关键词广告的起源与发展情况进行了回顾。最后将研究关键词拍卖问题的国内外文献进行分类梳理，重点回顾了带预算约束的关键词拍卖的相关文献，为本书后续研究内容的展开做了铺垫。

第三章中对本书涉及的相关拍卖理论及概念进行介绍，包含博弈论中的基本概念、不同均衡的定义以及在关键词拍卖中基本假设、相应的均衡概念和常见的拍卖机制等相关理论，还列出参与关键词拍卖的各方的目的和策略，包括广告主、搜索引擎与用户等。

第四章从纳什均衡角度讨论带预算约束的广告主报价均衡问题。首先，根据纳什均衡条件，分别推导出每位广告主的报价上界和下界，并比较与对称纳什均衡报价上下界的异同。其次，对于广告主提高报价的行为进行了分析，找到广告主报价向上偏离无利可图的充要条件，并使用数值实例进行检验。同时，运用数值实例研究广告主降低报价后对自身收益的影响状况，并且由广告主报价上界推导出报价向量达到带预算约束的纳什均衡的充要条件。最后，建立一个带预算约束的简单模型，讨论该模型在不同情况中广告主的报价向量是带预算约束的纳什均衡时应满足的条件，以及预算与估价在不同的大小关系下，搜索引擎的收益情况。

第五章是基于 VCG 支付机制的带预算约束的关键词拍卖研究。回顾已有研究带预算约束的关键词拍卖的文献，发现其中大多数是基于广义第二价格（GSP）拍卖机制，几乎没有使用 VCG 机制研究的文章。而一些网站如 Facebook 采用的就是 VCG 支付机制。这里首次将广告主预算作为内生变量引入 VCG 机制的关键词拍卖模型中，从而使改进模型中具备竞价时间的概念，并且广告主参与竞拍的时间是由自身预算、广告位排名以及每次点击支付共同决定。在完全信息条件情况下，广告主的估价、报价以及广告位的点击率等都属于公共信息。首先，给出局部无嫉妒纳什均衡的定义，并证明由局部无嫉妒均衡可以推导出全局无嫉妒均衡，再分析广告主报价向上偏离后自身收益的变化情况，给出报价向上偏离无利可图的充要条件，并通过数值实例验证该结论；其次，分析广告主的报价上界无法达到带预算约束的全局无嫉妒均衡条件，并推导出由报价上界构成的向量是全局无嫉妒纳什均衡；最后，给出并证明在 VCG 机制下广告主报价向量达到带预算约束的全局无嫉妒均衡时的充要条件，并研究此时广告主的报价与收益情况。

第六章中考虑在广告展示时间不再固定情况下，预算约束对广告主报价的影响。这种情况下广告主参与竞价的最长时间不再固定为 1，只有当自身预算耗尽后才退出拍卖过程。在此假设下，证明广告主提高报价是有利可图的，而降低报价是无利可图的，所以在展示时间不固定情况下，广告主报价向量无法达到带预算约束的纳什均衡，并通过数值实例验证该结论。此外，构建了只有一个广告位的二人博弈模型，分析了广告主预算变化对自己及对手收益的影响，并通过数值模拟找到该模型满足带预算约束的纳什均衡的条件。

第七章是结论部分以及对今后研究的展望。首先，总结全书，并对广告主预算决策问题提出一些建议；其次，提出本书存在的不足之处及改进方法；最后，给出今后可以继续研究的方向。

五、研究的创新点

（1）本书首次研究了带预算约束的广告主的纳什均衡问题，给出纳什均衡下广告主报价的上下界和广告主报价向上偏离无利可图的充要条件，分析了广告主报价出现向下偏离有利可图和无利可图的现象及原因。通过总结，最终给出广告主报价向量是带预算约束的纳什均衡的充要条件。之前已有学者研究过带预算约束的对称纳什均衡问题，但是对称纳什均衡条件不符合 GSP 机制，而纳什均衡条件完全符合 GSP 机制。

（2）本书还研究了采用 VCG 支付机制的带预算约束的关键词拍卖模型，定义了带预算约束的全局无嫉妒纳什均衡，给出并证明广告主报价向量满足带预算约束的全局无嫉妒均衡的充要条件。此前关于带预算约束的关键词拍卖问题的研究，针对的大多是 GSP 机制，鲜有基于 VCG 机制的文献。本书将预算约束引入 VCG 机制的关键词拍卖模型中，结合局部无嫉妒纳什均衡和全局无嫉妒纳什均衡的概念，研究在此条件下带预算约束的广告主报价的均衡问题，试图将现有结论进一步拓展，能够解决广告主在采用 VCG 机制的相关网站投放广告时的预算决策问题。

（3）本书最后研究了在广告展示时间不固定的情况下，

即广告主退出竞拍的条件为自身预算耗尽时报价变化对其收益的影响。运用广告位点击率与广告主占据广告位的时间刻画出广义点击率的概念，进一步分析带预算约束的广告主提高报价与降低报价后，自身收益的变化情况。

六、本章小结

本章主要介绍本书的研究背景、意义、方法、思路、结构安排及研究内容等。同时阐明了研究问题的难点，论述了本书将要研究的三个主要问题及解决方法，并指出研究的创新之处，明确了整本书的撰写思路。

第二章　文献综述

本书主要探讨搜索引擎通过拍卖机制出售关键词广告位的情况。首先，有必要简要介绍一下拍卖。大多数人或多或少都听说过拍卖这个概念，它是一种可以决定物品价格和配置的规则。拍卖是一个古老的行业，世界各国都有，拍卖行为随时随地都在发生着，发展轨迹大同小异。苏富比、佳士得、中国保利、中国嘉德等国内外知名拍卖行拍卖艺术品、古董的新闻常常占据媒体报道的显要位置。2009 年 2 月 25 日，法国佳士得拍卖行举办专场拍卖会，拍卖包括在战争时期被英法联军窃走并流失海外多年的我国圆明园流失文物十二生肖兽首中的鼠首和兔首铜像，当时在国内引起强烈反响。2015 年 5 月 11 日，在美国纽约举行的佳士得拍卖会上，西班牙著名画家毕加索的油画作品《阿尔及尔的女人（O 版）》以超过 1.79 亿美元的天价成交，创下全球艺术品拍卖的新高，还有如油气田的开采权、俄罗斯手机 1800MHz 频段、英国运输设施、伐木权等公共财产都是通过拍卖方式进行出售的。一些军事装备、建筑设施等政府合同也是通过拍卖竞标获得的。因此，拍卖可以应用于各种商品的交易，体现出应用范围的广泛性；并且拍品的归属只取决于报价，与投标人的身份无关，体现出拍卖的非歧视性。而拍卖理论作为经济学的一个分支，虽然研究起步较晚，但有众多学者参与研究且取得了很大进展。近年来，随着信息技术与互联网高速发展，搜索引擎已成为人们最主要的检索工具。随之兴起的网络广告模式——关键词广告，也成为众多广告主推广产品的重要途径之一。由于搜索引擎网站每天都会产生庞大的访问量，搜索结果页面上展示的关键词广告很大程度上会影响用户的行为。关键词拍卖作为拍卖理论的一个重要应用，已成为学术界的研究热点之一。本章中，首先描述了拍卖的历史进程，以及拍卖行的建立与发展等阶段，其次对拍卖的相关基本理论知识进行了介绍，然后回顾了关键词拍卖的发展历程，最后对关键词拍卖的相关文献进行分类，梳理并总结了国内外学者关于关键词拍卖问题的研究情况。

一、拍卖

（一）拍卖的发展历程

拍卖作为一种商品交易手段，对人类文明的发展起到了重要作用。拍卖最早产生于奴隶社会，历史悠久，源远流长，其存在和发展到目前已有几千年的历史。长期以来，拍卖在商业活动中一直为人们所重视、利用和推崇。作为一种零星行为和社会经济现象，拍卖在外国的出现要早于中国。据记载，拍卖最早出现于公元前500年前后，古希腊著名历史学家希罗多德曾记录了古巴比伦的婚姻市场中出现过拍卖新娘的行为。当时每一个村落每年都举行一次拍卖，适婚女子集中起来，想要择偶的男子站在外面围成一圈，拍卖人则按照漂亮、丑陋、残疾的出场顺序，将女子一个个依次拍卖。针对同一名女子，哪个男子出钱最多，即可得到这个女子，买她为妻，成为新郎，这便是拍卖史上赫赫有名的“新娘拍卖”事件。

拍卖介入婚姻，男性竞价择偶，是古巴比伦自始至终盛行买卖婚姻的必然结果和新的交易方式。公元前 18 世纪颁布的《汉穆拉比法典》曾规定，婚约缔结后，未婚夫必须向其岳父交纳一笔聘金和聘礼。聘金是未婚妻的买身费，而聘礼则是保证履行婚约的订金。此后，在买卖婚姻中又采取拍卖方式，能够使新娘的身价得到最大限度的升值，这无疑是古巴比伦人的一大发明。因此，希罗多德对此评价说：“这乃是他们风俗中最好的、最聪明的。”

尽管新娘拍卖是对广大妇女的侮辱，但事件本身又证明，拍卖历史悠久，距今至少已有 2700 年。不过，国外有些学者认为，拍卖活动的起源肯定早于古巴比伦时期，并且提出拍卖能够产生的三项社会自然条件，即适度规模的人口（由此形成买卖双方）、剩余产品的出现（由此形成拍卖标的）和货币制度的存在（由此形成竞价付现）。按照这种理论，早于古巴比伦 1000 多年建立且奴隶制度十分发达的古埃及，完全具备了拍卖存在的基本条件。另据国外一些学术著作记载，古希腊荷马时代（前 1000—前 700 年）就有奴隶拍卖，但目前尚未有充分翔实的史料为此印证，故此说法仅仅属于推测。

继古巴比伦之后，拍卖活动在公元前末期，又开始较大规模地兴起于古希腊、古埃及和古罗马。例如公元前 5 世纪的希腊有奴隶拍卖、采矿场和诉讼罚没财产等拍卖。前 305 年—前 30 年时期的埃及托勒密王朝有王仓磨粉设备、国有打谷工具、王室土地、公共工程等拍卖。

古巴比伦、古希腊、古埃及的拍卖是世界拍卖史上的第一个里程碑。其特点是拍卖内容单一，拍卖标的匮乏，拍卖以人为主，同时兼拍卖其他物品，反映出奴隶社会买卖婚姻引入竞价因素，以及奴隶主对奴隶的欺压等。当时没有拍卖机构，拍卖人均为社会贤达，或由宫廷选派的人士主持拍卖；拍卖仍未形成规模，表现为零星性、散见式的一种拍卖活动，而不是人们普遍运用的买卖方式。

拍卖行产生于古代罗马，是古罗马对世界的一大贡献。罗马共和国时期（前 509—前 27 年），拍卖活动首次出现高峰，并得到空前发展。自公元前 5 世纪起，罗马疯狂地进行对外军事扩张，在数百年之间，先后统一意大利半岛，占有西西里、科西嘉、撒丁等岛屿，以及波河流域、大部分西班牙、小亚细亚西部、北非的一部分地区，并趁版图增加之机，建立起行省制度，开始称霸地中海。在长期的掠夺战争中，罗马商人和士兵还找到了一条共同发财致富的道路。

对外战争不仅使罗马士兵大规模参与拍卖，而且为罗马的奴隶拍卖创造了必要条件，使其达到了前所未有的繁荣，成为罗马拍卖业中的强项和主要部分。当时，战俘、破产的债务人和被劫掠的人口是罗马奴隶的三个主要来源，他们中有相当一部分是经拍卖方式出售而沦为奴隶的。随军商人大量拍卖于战场上廉价购得的战俘及平民为奴，收税官吏拍卖被征服地区不堪罗马重税压榨而破产的居民为奴，海盗们则将趁乱抢劫的人口拍卖为奴。受罗马士兵拍卖战利品的影响，奴隶拍卖人往往也在拍卖地点，如城市广场、集市上竖起长矛，权作拍卖标识，招揽顾客。他们还给被拍卖的奴隶做好特殊标记：双腿涂白粉，头戴花冠或羊皮小帽，颈上挂着一个小牌，上书出身、年龄、特长等情况。据统计，公元前 168 年第三次马其顿战争仅伊庇鲁斯一带就有 15 万人被卖为奴；前 102 年罗马执政官马略战胜条顿野蛮人，就有 9 万人被卖为奴。如此众多的奴隶，除了在奴隶市场上被标价出售外，其中便有不少是通过拍卖方式成交的。

公元前 88—前 83 年，罗马执政官苏拉率军征战东方和黑海南岸古国本都，他将拍卖引入海外统辖区，用于处理敌产，扩充财源。公元前 80 年，罗马法学家西塞罗在法院做出的一个判决中提出，将诉讼委托人用作担保物的财产强制拍卖，从而再次确认拍卖在司法审理财产纠纷案件中的重要作用。公元前 47—前 44 年在位的罗马独裁者恺撒和 161—180 年在位的罗马皇帝奥里利厄斯，执政期间都曾因国库空虚、财政拮据而大动拍卖念头。他们先后拍卖过皇室的家具、物品和一些传世之宝，用于支付政府所欠下的巨额债务。

除了继续保留拍卖奴隶的基础外，出现了各种商品和战利品拍卖的交易行为。比如：每当战争发生，大批商人就随军出发，一旦罗马获胜，商人们便在战场上就地竞买士兵们掠夺到的多余战利品。此时，士兵将长矛插在地上，四周堆满各种拍卖物，包括武器、铠甲、军服和生活用品等。通过拍卖，士兵普遍都能大发一笔战争财，而随军商人则接着转手倒卖，并从中赚取高额的差价。

除了士兵和商人参与拍卖，罗马执政官常用拍卖方式处置敌产，而罗马皇帝则拍卖皇宫物品扩充财源，甚至皇帝禁卫军也把拍卖作为生财之道。193 年 3 月，在位不足百天的罗马皇帝佩提那克斯被握有皇帝废立之权的禁卫军士兵谋杀。在选择新君的过程中，财迷心窍的禁卫军竟然决定将堂堂皇位在两名争权者之间拍卖。结果出价最高的罗马大富翁狄狄乌斯·尤利安努斯获胜登基，他给有关士兵每人 6250 德拉克马（古希腊含银货币），总计相当于现金数百万美元，这便是拍卖史上脍炙人口的“皇位拍卖”事件。

由于古罗马拍卖火爆，原本分散兼营拍卖的拍卖人便逐渐被专门从事拍卖的拍卖商取代，此后一些拍卖商单独或合伙组建机构，成立门店，开设了专门从事各类商品拍卖的拍卖行，代替了早期由财产拥有者自行组织举行的拍卖活动。

古罗马拍卖是世界拍卖史上的第二个里程碑。其特点是拍卖内容丰富，拍卖标的广泛，举凡动产和不动产，有形财产和无形财产，小到衣布酒茶，大到房屋土地；上至皇位国家，下至隶畜官爵，无一限制，均可拍卖。

更为准确地说，罗马时期的拍卖是人类历史上拍卖发展过程中的第一个高峰，它突出地表现为拍卖性质、拍卖范围、拍卖数量、拍卖方式等方面的巨大变化。有任意拍卖，也有强制拍卖；有自行拍卖，也有委托拍卖；有民间拍卖，也有政府拍卖；有平民拍卖，也有皇室拍卖；有商业拍卖，也有公益拍卖等。这些拍卖活动不但涉及经济、司法领域，而且涉及政治、军事领域，令人眼花缭乱，叹为观止。

总之，罗马时期的拍卖为近代拍卖奠定了基础，构造了轮廓，确立了模式，创制了法规，积累了经验，堪称近现代拍卖的鼻祖。英文拍卖“Auction”一词，也直接来自拉丁词语“Auctio”“Autuc”（意均为“增加”）。这使人有理由相信，古罗马拍卖正是当今国际通行和最时兴的“增价拍卖”方式的起始和雏形。

纵观古代历史，罗马时期的拍卖的确开创了先河，为近现代拍卖奠定了广泛和牢固的基础，其特点概括起来主要有以下三个方面。

（1）拍卖物范围扩大化。在罗马，凡值钱者均可拍卖。现代拍卖中的大宗项目——文物艺术品拍卖，在当时已经出现，罗马人常把雕像、挂毯乃至宫殿和国家遗迹当作拍卖物。公元10年，罗马诗人奥维德在他的作品中还提到，政府为在各个行省推行包税制，便将国家税收权拍卖给出价最高的包税人或高利贷者，由其负责组织收税。罗马时期拍卖标的种类空前丰富，远远超过古希腊和古埃及。尤其是罗马士兵和商人首创的战利品拍卖，使拍卖从传统的奴隶拍卖、土地拍卖、罚没物品拍卖等相对狭小的圈子里跳出来，开始形成日趋繁荣扩大的商业性拍卖和以普通商品为拍卖物的拍卖。

（2）拍卖人类型多样化。罗马时期拍卖标的范围的扩大，不可避免地决定了拍卖人成分的复杂。因为在拍卖中自行拍卖多于委托拍卖，拍卖人往往就是出卖人，如从事商业拍卖的商人、士兵等，从事奴隶拍卖的奴隶主、官吏、海盗等，从事剧本、图书、手稿拍卖的作家等。他们直接面对竞买人，与普通买卖所不同的只是销售方式。然而，由于拍卖在罗马的广泛应用，特别是罗马一些最高统治者对拍卖的青睐和钟爱，遂使得社会上专兼职拍卖人乃至拍卖商逐渐增多，并开始形成一支势力不断壮大的队伍。当时，政府传令官是正式拍卖中众所周知的兼职拍卖人。每逢拍卖举行，传令官便事先发出口头通知或书面公告，确定拍卖时间和地点，然后由传令官提交拍卖标的参拍并确定拍卖底价，直到负责主持将拍卖标的拍定，即售给出价最高的竞买人为止。

（3）拍卖活动规范化。罗马国家法制健全，使得拍卖活动很早就有法可依，并且多数相当规范。例如当时比较流行的一种拍卖形式，共有四方当事人，其中包括享有拍卖标的权益的出卖人、组织拍卖活动或提供拍卖经费的经纪人、发布拍卖信息并主持拍卖活动的传令官、参加拍卖的竞买人和买受人。对此，罗马法律规定，经纪人不可或缺，并将收取少量的服务性佣金；传令官作为拍卖人，并充当出卖人的代理人；竞买人权力最小，必须受出卖人所定拍卖规则的制约，不得中途撤回出价；而出卖人的权力最大，可以在任何条件下随意拒绝竞买人的叫价要约。此外还规定："在拍卖中，凡叫价非经落槌则不成交。"至于在民事诉讼中，罗马法律关于拍卖方面的规定，更是种类繁多、具体详尽。例如被告躲藏影响法庭传唤，则法院裁判官可颁令允许原告占有被告的财物，并给予其拍卖权；又如债权人可申请法院判决酌量扣押债务人的财产两个月做担保，若仍未获清偿便予逐一拍卖折抵等。

受史料所限，有关罗马时期拍卖行的具体情况迄今尚未掌握，但是罗马已存在拍卖行这一商业中介机构是无可否认的客观事实。

虽然拍卖行业萌芽于古代罗马，但正式恢复和形成是在 17 世纪、18 世纪的近代欧洲。1660 年，英国出现旧船、废船拍卖，1689 年又有绘画及手稿拍卖，1739 年首次拍卖房地产等。与此同时，逐渐兴旺的欧洲拍卖业还从事跨国经营，远及英国、荷兰、法国相继在北美建立的殖民地。1662 年在荷属殖民地新阿姆斯特丹（今纽约市）有土地拍卖，1717 年在英属殖民地波士顿有名人藏书拍卖。种种迹象表明，到 18 世纪，拍卖作为一个国际性的行业已经形成。

近代欧洲拍卖是世界拍卖史上的第三个里程碑，并因此出现人类历史上拍卖发展过程中的第二个高峰。主要表现在以下三个方面。

（1）拍卖机构大量出现。1744 年和 1766 年，当今世界两大拍卖行——苏富比和佳士得，均在英国伦敦成立。苏富比拍卖行的创始人是伦敦的书商兼出版商塞缪尔·贝克，最初只从事谢世贵族的藏书拍卖，也是英国第一家专以售书为业的拍卖行。1744 年 3 月塞缪尔·贝克在伦敦的科芬园举办了一场图书拍卖会，拍卖标的是某贵族遗留的数百本所谓涉及风雅文学所有领域的珍奇图书，拍卖成交额 826 英镑，在当时已是一大笔钱。这标志着世界上最古老的拍卖行——苏富比拍卖行诞生。1778 年贝克死后，其侄儿约翰·苏富比继承了他的全部遗产，包括接手这家拍卖行。苏富比以自己的姓氏命名了该拍卖行，并将拍卖业务大为拓展，开始涉及书籍以外的绘画、珠宝、古币、酒类及家具等，加上其经营有方，谋略过人，苏富比拍卖行在同行中很快崭露头角，并且后来居上，迄今为止已成为英国最大、名列世界第一的国际性拍卖行。

1766 年，与苏富比齐名的另一大著名拍卖行——佳士得拍卖行在伦敦创立。苏格兰人、退役英国海军军官詹姆斯·佳士得是其首任老板。他从伦敦的一个小拍卖商干起，经过十几年艰苦奋斗才置起自己的这份产业。同年的 12 月 5 日佳士得进行了首次拍卖，拍卖标的是某贵族的各类遗物 89 件，拍卖成交额为 176 英镑。该拍卖行建立之初主要以拍卖文物、艺术品为主，具有强烈的贵族风范，特别是 1778 年它成功地拍卖了几幅首先为英国第一任首相私人收藏，中经转手俄国女皇叶卡捷琳娜二世名下，后又属于一所修道院主要藏品的名画，使自己名气大增，信誉卓著，不久就成为英国拍卖业中的佼佼者。目前，有250多年历史的佳士得拍卖行已经是世界第二大国际性拍卖行，仅次于苏富比。两家拍卖行在各自擅长的领域相互竞争，成绩斐然。当时的伦敦拍卖行可谓十分盛行，共有拍卖会60多家，拍卖业蓬勃发展，相关法规逐步建立与完善。在世界两大拍卖行成立前后，目前世界上著名的拍卖行相继问世。例如1705年的奥地利陶洛士拍卖行，1766年的伦敦塔特索尔马匹拍卖行，1796年的英国菲利普斯文物艺术品拍卖行和1852年的巴黎德鲁奥拍卖行等。

近现代拍卖行产生以来，经过数百年的发展沿革，各方面都有很大变化。

第一个变化是拍卖行规模由小到大，发展一路坎坷。早期的拍卖行，不但数量少、规模小，而且兼营性质的居多，往往与城市的公共社交场所相结合，成为其附属机构。1744年，英国伦敦一家名为“弗吉尼亚与波罗的海”的咖啡馆开张营业，店内设有一个拍卖处。其日常经营的商品和定期拍卖的船货，大多数都来自北美殖民地的种植园或波罗的海沿岸地区，故此得名。当时，兼营拍卖行风险较小，生意兴隆。它以拍卖为副业，所以不必为一时无货可拍而发愁，通常都能稳坐钓鱼台。一旦旺季来临，它立刻就能将拍卖转为主业，从而大发其财。在这种情况下，一些唯利是图的商人纷纷开设此类拍卖行。据统计，1766年伦敦约有60家各类拍卖行，其中不少属于兼营性质。

各类拍卖行从小到大、由少渐多，是与其营业地址的分布和拍卖场所的选择分不开的。一般来说，拍卖行在发展初期，就十分重视在闹市区设店或在知名度高的社交场所内从事拍卖活动。例如，英美国家的早期拍卖行，通常习惯于在人流涌动、信息量大、影响力强的旅店、酒吧、咖啡馆等公共建筑物中进行。现存英国 1689 年 2 月的一份早期原始拍卖目录曾记载，一次“绘画及手稿拍卖”是在富有的绅士阶层经常光顾的“巴巴多斯咖啡馆”举行的。该目录指出：“近来由于社会名流参加拍卖活动，促进了拍卖制度的发展”，并且印有拍卖规则诸如“任何人不得竞价购买自己的画”的公告，长期陈列于拍卖场所。时间略晚于它的另一份拍卖目录也表明，一场为期 3 天的拍卖会定于同年 3 月在伦敦繁华地区海关旁边的泰晤士街上的“斯迈西斯夫人咖啡馆”举行。另据现存美国最早的一份拍卖目录显示，1717 年 7 月 2 日，在波士顿“布朗咖啡馆”举行了一次关于历史名人埃比尼泽·彭伯顿著作的拍卖会。法国的拍卖行也是如此，1852 年，德鲁奥拍卖行在一片欢呼中开业，从而取代了比利恩拍卖行成为巴黎的拍卖中心。

拍卖行借助公共场所开展业务、扬名天下的做法，既有可观的经济效益，又有广泛的社会效益，不但促进了拍卖行的壮大发展，而且迄今为止，已成为世界各国拍卖行所一致继承的历史传统和效仿的商业惯例。

如何选择营业地点也是拍卖行十分注重的问题。以百年老店佳士得拍卖行为例，它 1766 年诞生时，只是伦敦帕尔马街一家寒酸、简陋的小拍卖行。为了追求名人效应，才开始拓展业务。1779 年，它迁往舍姆贝格宫附近，与英国当时的著名画家托马斯·盖恩斯伯勒的住宅为邻。在此，佳士得本人利用他与盖恩斯伯勒及另外两位著名画家雷诺兹和戈里克过从甚密的便利，除了定期拍卖这些画家的作品外，拍卖了许多英、法两国贵族们收藏的名画珍品。于是，佳士得拍卖行很快声名远播，特色显著，不但长期成为政府特许的英国皇家艺术学会会员展览作品的画廊，并由此晋升为欧洲文物艺术品中心之一，规模日益扩大，成为伦敦市内首屈一指的上流社会人们经常公开聚会的重要场所，代表绅士阶层高贵典雅的身份。1823 年，该拍卖行又另辟新址，搬到伦敦的心脏地区——圣詹姆斯广场的国王街，即现在的营业地，同样位居要处，广受瞩目。目前，英国首都知名的 15 家大拍卖行绝大部分都位于富裕的伦敦西区，其中仅仅繁华的新邦德街就集中了苏富比拍卖行、菲利普斯拍卖行、格伦迪宁拍卖公司和帕蒂克·辛普森拍卖行等 4 家。

19 世纪初期以来，由于汽车、火车的普及，发达的公路网和铁路网开始在欧美国家出现，这使拍卖行的地理分布也发生了相应的变化。它们通常都设置于人员穿梭往来的交通枢纽站，以图吸引顾客，招揽生意。此后，随着商品经济的进一步发展，西方国家的城乡差别逐步缩小，于是，原来位于城市的拍卖行趁机不断向乡村扩展，一向冷落的乡村也如雨后春笋般建立起各种拍卖行，拍卖行遍布各地，规模越来越大，影响也越来越强，使拍卖业空前繁荣。在英国，除了伦敦的几家最著名的大拍卖行外，全国城乡亦有许多其他拍卖行。在美国，则是以小拍卖行为主，例如在纽约市的第四十二街和佐治亚州州府亚特兰大市。

在全世界进入资本主义发展的鼎盛时期之后，一些实力雄厚的拍卖行便开始开辟海外市场。它们纷纷在全球各地设立分行，形成一个十分强大的拍卖业网络，使得拍卖行从过去纯粹单一性的国内商业机构变成日益国际化的跨国公司。这些拍卖行因其在国际拍卖领域具有举足轻重的地位，故能轻而易举地操纵国际拍卖市场上各类拍卖标的，例如工业原料、农副产品、艺术品等物品的拍卖价格，从而在一定程度上对世界经济的发展产生着相当有力的影响。

第二个变化是拍卖行变更公司模式和企业招牌。拍卖行在发展过程中，其规模由小到大，数量由少到多，组织形式由简到繁。几百年来，世界各国的拍卖行无论是在外部实体形态方面，还是在内部产权制度方面，几乎都经历了一个从独资、合伙到公司的渐进演变过程。

早期的拍卖行，由于业务量小，资本无须很多，所以均为独资结构，甚至拍卖商就是拍卖行的代名词，二者不分彼此。在英国，苏富比的创始人是一位书商，佳士得的奠基者是一名小拍卖商。至于后来出现，迄今为止仍为世界大户的菲利普斯拍卖行，其首位老板哈里·菲利普斯原是佳士得拍卖行里的首席职员。他在为佳士得效犬马之劳并有所积蓄后，便于1796年辞职，独立创办了自己的这家拍卖行。在中国，清末上海的不少拍卖行也属于个人独资的私营企业。民国前后，北京还有外商开设的独资拍卖行。

随着拍卖业的繁荣兴旺，为适应市场需求，一些资本少、财力小的个体经营的拍卖行便不断向合伙经营形式过渡。1861年，苏富比拍卖行接纳了另外两位出资人的股份，更名为“苏富比·威尔金森·霍奇拍卖行”。此后，凭借资金充盈、实力大增的条件，截至20世纪20年代中期，该拍卖行一直雄居欧美拍卖业之首，并且名扬四海，誉满全球。而与苏富比并驾齐驱、难分伯仲的佳士得拍卖行，则早其两年，于1859年就走上了合伙之路。那一年，富商威廉·玛索和托马斯·伍德兹携资加盟佳士得。于是，一个以“佳士得·玛索·伍德兹拍卖行”命名的新机构得以问世。相比之下，各方面条件均略逊一筹的菲利普斯拍卖行，经营未满半个世纪，便于1840年菲利普斯死后率先摈弃独资模式，而由贵族博·布鲁梅尔等4人合伙接办。

进入20世纪之后，世界各主要国家的拍卖行又开始公司化。其中有些直接以某某公司命名，有些则虽仍叫拍卖行，但内部结构纯属公司。1924年，苏富比拍卖行三易其名，改称“苏富比公司”。此前不久，佳士得和菲利普斯也分别改称“佳士得·玛索·伍德兹有限公司”和“菲利普斯·桑·尼尔拍卖行”。趁着公司风靡全球之际，法国巴黎的帕勒斯·加利拉拍卖行、荷兰阿姆斯特丹的马克范·韦伯拍卖行、奥地利维也纳的陶洛士拍卖行、美国纽约的帕克·伯尼特拍卖行等一大批欧美家喻户晓的、公司性质的拍卖机构更是相继出现。

拍卖行结构的不断变化，充分反映了资本主义市场经济发展过程中，拍卖企业与其他企业一样所经历的自身组织形式从低级到高级、由简单向复杂不断演进变化的必然趋势。正是这种变化，使一些老牌拍卖行资金日益雄厚，实力空前强大，业务更加娴熟，市场十分广阔，从而能在国内外拍卖业的盛衰兴亡之中，得以长久立于不败之地。

与此同时，西方国家在变革拍卖行组织形式的过程中，很早就注意到同业行会或协会的建设。这种行会已不再是前资本主义时期的封建性行会①，而是为了打破地区封锁，发展自由贸易，维护会员公平竞争的权利，协调会员的经济利益关系。

① 封建性行会的目的在于保护一定地域内狭隘的行帮利益，实行封建割据，限制自由贸易。

这方面英国尤为发达。1799 年 5 月，鉴于社会上一些拍卖行在经营中存在着严重的欺诈行为，声名狼藉，伦敦成立了英国乃至世界第一家拍卖业行业协会组织——“拍卖商特别协会”，旨在指导、监督拍卖行合法经营，规范其商业行为，并代表其切身利益。1886 年，英国又成立了全国性的“拍卖商和房地产经纪人协会”，从而把全国各地大大小小的拍卖商、拍卖行有效地组织起来。1947 年，因该协会喜获皇家特许殊荣，故又在机构名称前冠以“特许”二字，从而成为英国众多拍卖业协会组织中最具权威性的机构之一。

不难看出，行业协会的产生和发展，对拍卖行组织形式的变化势必产生一定的影响，二者有着十分密切的关系。由于不公平竞争受到遏制，非法经营难以施展，迫使拍卖行从企业内部的产权制度方面、适度扩大企业外延方面及其日常经营方法上多下功夫，寻找出路，从而或多或少地加快了拍卖行结构的调整变革，适应了拍卖业日益蓬勃发展的迫切需要。在这一过程中，有些拍卖行干脆就采取行业协会的组织形式，而不是公司。

（2）拍卖市场初步形成。随着拍卖活动的大规模开展，欧美国家的拍卖业开始进入鼎盛时期。从英国伦敦到德国汉堡，从奥地利维也纳到美国费城，功能齐全的新型拍卖行大量涌现，悬挂独特的拍卖标识——蓝白方格拍卖旗帜的门店随处可见。以这些拍卖地区为核心，欧美国家的拍卖市场日益建立起来，这些城市也分别成为拍卖业集中发展的固定场所，尤其是逐渐形成了以专营某些拍卖标的为特色的拍卖中心。例如荷兰以拍卖农副产品见长，英国以拍卖艺术品、马匹、羊毛、茶叶见长，美国则主要拍卖欧洲来的生产资料等。

国际拍卖业的专业化分工现象非常突出。当前，除了少数拍卖企业之外，传统性质的综合性拍卖行已不多见。世界两大拍卖行苏富比和佳士得，主要是侧重文物艺术品拍卖。尽管它们也从事多元化经营，但其企业的综合性仅体现在既做拍卖生意，又做非拍卖生意两方面的结合上，而并非什么拍卖领域都涉及。

在美国，有专门经营汽车、工具、机器设备、公物或土地使用权等多种特殊拍卖标的的专业性拍卖行，相互分工明确，业务没有交叉，各自从事本企业最擅长的拍卖生意。即使是汽车类拍卖企业，也有更细致的专业分工。例如休斯敦汽车拍卖行，是北美最大的卡车拍卖企业，每周拍卖一次，每次拍卖500～600辆卡车。而另一家巴瑞特·杰克逊拍卖行，是世界上最大的老爷车拍卖行，2001年1月曾一次拍卖850辆各式老爷车。

此外，荷兰的花卉拍卖行、比利时的果蔬拍卖行、澳大利亚的羊毛拍卖行、日本的鲜鱼拍卖行、斯里兰卡的茶叶拍卖行等，都是全球知名的专业化拍卖企业。这些拍卖企业主要从事自己最擅长的拍卖活动，有符合专业化拍卖的软硬件设施，资源相对充足，技巧相对娴熟，并且人才济济，管理到位，因此拍卖成交率很高，远非一些综合性拍卖行可比。

企业以营利为目的，作为中介服务类的拍卖行也不例外。从世界范围看，许多拍卖企业因经营管理有方，近年来经济效益十分可观。

2018年，苏富比拍卖行全球拍卖总成交额达到53亿美元，较2017年上升12%。超过5万件拍品于400多场拍卖及网上专场成交，新参与竞投人数突破1万人，刷新纪录。网上买家本年消费超过2亿美元，全年26%的成交拍品于网上拍出，网上专场成交总额增长3倍。亚洲拍卖市场2018年拍卖总成交额高达10亿美元，为亚洲苏富比成立45年以来最高成交额。新客户占亚洲苏富比拍卖整体买家人数的27%。亚洲区拍卖中，年轻买家（40岁以下）占整体买家的23%。法国苏富比刷新自成立以来之最高成交总额，41场拍卖总成交额达到2.84亿美元，半数买家为法国苏富比新客户。其中莫迪里安尼《向左侧卧的裸女》以1.572亿美元成交，成为年度全球最高价拍品①。据最近几年的统计，苏富比和佳士得两大巨头占全球文物艺术品拍卖成交额的九成，两大拍卖行无愧为国际艺术品拍卖市场的霸主。

在美国，其他年度总收入过亿美元的拍卖企业还有很多。例如美国汽车保险拍卖公司1999年全年总收入为3.174亿美元，而伯兹奇石拍卖行1999年全年总收入也在2.102亿美元，都称得上是美国拍卖经营效益高的大户。

特别值得一提的是世界上最大的专业性拍卖行之一，位于荷兰阿姆斯特丹的阿斯米尔鲜花拍卖行。该拍卖行每天进行约5万笔拍卖交易，全年拍卖成交30.5亿株鲜花和3.7亿件观赏植物，出口24亿美元，约合169亿元人民币。

国外拍卖企业之所以能够取得如此引人注目的经济效益，与其实行现代企业制度，在市场经济条件下不断提高企业竞争力并保持和发挥行业优势有着十分密切的关系。

（3）拍卖法规逐渐完善。近现代拍卖业集中在欧美国家，

---

① 《苏富比2018全球拍卖总成交53亿美元》，https：//news.meishu.org/art/20190218/184070.html，访问日期：2020年1月3日。

因此这些国家关于拍卖的立法也较为健全，并且产生了十分重要的国际影响。概括来说，这些拍卖立法，或散见于有关商品买卖的综合性法律文本中，或覆盖于涉及拍卖的专门性法律文本中。1677 年，英国《禁止欺诈法》中已含有拍卖条款，1845 年出台的《拍卖商法》，1867 年实施的《土地拍卖法》和 1893 年的《货物买卖法》中设立拍卖条款。与英国相比，美国拍卖法律的出现要晚许多，直到 1901 年，美国才在《统一商法典》中明确设立拍卖条款。

欧美拍卖风潮对中国的影响，始于近代鸦片战争前后，特别是清道光年间（1821—1850）。在此之前，拍卖在中国一直是空白。正如西方学者所说："这种销售方式在东方根本不受欢迎，因为讨价还价才是人们的传统。"

中国最早的拍卖发生在广州。随着中外商事交往的加强，来华洋人经常举行拍卖，如英国东印度公司，就曾经广为从事此项营生。19 世纪 20 年代初，东印度公司定期在中国拍卖鸦片。有资料显示："以 1813 年为例，这一年印度上等鸦片'公班土'，每箱成本费是 237 卢比，它的拍卖价格，包括印度的鸦片税在内，每箱 2428 卢比，两者差额为 2191 卢比，超过原来成本的 9 倍。"[①] 相比之下，1821 年东印度公司运送一批印花布"在广州拍卖脱手"，却因为国人不认洋货而使进口商"亏本 60% 以上"。

中英《南京条约》以后，欧洲人曾在上海开设"幸福拍卖行"，并在北京建立分行。从此，由洋人主持的拍卖活动日益增多。他们往往在街头巷尾张贴"拍卖招贴"，向公众传递

① 《鸦片三角贸易的后果》，《中国禁毒报》2020 年 9 月 1 日。

商品交易信息，“至期插标门首，聚买客，一人高立，持物叫卖，不售则更易一物。价既相当，即拍掌以应。”[1] 不久，随着上海商业地位的日益突出，市内国人效仿洋人从事的拍卖活动也逐步兴起，国人创办的拍卖行也应运而生，并逐步形成规模，其鼎盛时期多达二三十家。

在北京，法国人品德曾于 19 世纪末最先开设一家“品德拍卖洋行”，专门主持王公大臣、高官显赫家藏的珍奇文物、古董字画的拍卖，从中渔利不少。其操作办法是在拍卖会前 3 天，由拍卖行在卖主家中划出一块地方，将全部拍卖物品对外公开展示。与此同时，拍卖行在京城各种报纸上大肆刊登，在街巷中张挂关于拍卖的广告、招贴和传单，吸引买主前往看货。拍卖举行时，品德亲任主拍，将一件件拍品过手成交。通常，这家拍卖行都要向卖主提取约 20% 的拍卖佣金。有时，他还利用卖主知物不知价的缺陷，将那些最有价值的东西以卑鄙手段自购下来，然后倒卖国外，牟取暴利。

北京自光绪庚子年（1900 年）后开始有国人经营的拍卖行。这些拍卖行拍卖各类物品，又因其以叫价方式营销，故称为“叫卖行”。进入民国年间，外资北京幸福拍卖行改为由国人接办，行址设在东单北大街。不久，中资“公易拍卖行”又在西长安街诞生。这两家拍卖行当时专以拍卖法院罚没财产和大户废弃物品为主。

而在新中国成立之后，在 50 年代仍实行过一段时间的拍卖制度，主要用于司法判决和赈灾救济等方面，起到一定的积极作用。然而国家实行计划经济政策，所有物资都需要按照计

① 《“拍卖”史话》，《新闻与写作》1992 年第 12 期。

划分配，所以商品交易价格受到严格管控，从而导致具有商品经济色彩的拍卖行业无法继续存在下去。1958 年，由于受“左”的思想的严重干扰，根植于旧中国的拍卖行在国内被全面取缔，最后一家拍卖行在上海停业，拍卖活动自此偃旗息鼓。这之后的 20 多年，我国的拍卖业完全销声匿迹。

直到 1984 年中共十二届三中全会通过《中共中央关于经济体制改革的决定》，提出我国要建立自觉运用价值规律的计划体制，发展社会主义商品经济。在该决定正式实施后，我国沉寂多年的拍卖业又有了赖以生存的条件，拍卖业才逐步恢复起来。因此，我国拍卖业的复苏，得益于社会主义市场经济发展；同时，拍卖业的发展又在一定程度上反映了市场经济发展的进程。1986 年 11 月，新中国第一家拍卖企业——国营广州拍卖行创建。自此国内拍卖业的发展一帆风顺，拍卖市场蒸蒸日上，拍卖业务前景看好。由于拍卖是新生事物，故每逢拍卖会举行，拍卖场内便人头攒动，拍卖场外门庭若市，有购票观战的，有打探消息的，更多的是蜂拥而至的竞买人，给各类拍卖机构带来无限商机。1987 年 10 月，沈阳市拍卖行正式挂牌营业，从而成为新中国第二家、北方第一家国有拍卖机构。该行开始仅有员工数名，并且地处偏僻，却生意兴隆。在开始的两个月内，该行创下了总成交额 40 多万元的拍卖纪录。拍卖标的有工商、公安部门罚没的收录机、自行车以及一些工厂闲置不用的旧车床等设备。两年后，这家拍卖行因经营有方，事业趋旺，立马告别小街门面，从蜗居陋巷之处迁进一幢大楼。在信托贸易公司基础上组建的北京市拍卖市场，也有类似经历。该行建立于 1988 年 5 月，在成立的前 3 年里，共举办各类拍卖会 24 场，总成交额一路上升到 248 万元，除上缴国家财政收入 46.7 万元外，获得了 13.8 万元的纯利润，这是信托公司过去想都不敢想的事。在短短的几年内，拍卖从恢复到发展，在推进中国经济体制改革进程中发挥了积极作用。

1989 年 3 月，国务院批准的国家经济体制改革委员会（以下简称“国家体改委”）《1989 年经济体制改革要点》中明确要求，要在若干中心城市试办拍卖市场，开展各类公物的拍卖业务。随后，国家体改委决定，在沈阳、北京、广州、天津、上海、哈尔滨、大连、重庆等城市进行试点，恢复拍卖业。这是我国政府首次在正式文件中对拍卖业加以承认。1990 年 10 月，我国第一个运用拍卖方式进行大宗粮食交易的市场在河南省郑州市成立；1991 年 6 月，我国第一家综合性的动产、不动产拍卖行在深圳挂牌开业。1992 年 8 月，国务院办公厅发出《关于公物处理实行公开拍卖的通知》，决定改革现行的公物处理办法，逐步建立和完善公物处理的公开拍卖制度。1993 年以来，各类拍卖企业快速发展，拍卖活动日益频繁。

上述这一切说明，中国拍卖业已逐渐走向成熟。此后不久，我国拍卖活动便由沿海向内地、由大城市向中小城市延伸，拍卖的服务领域涉及商业、物资、纺织、邮电、房产、金融、文物、土地管理、城市园林等各个领域。拍卖范围逐步拓宽，由前几年主要是执法机关的罚没物品，扩大到不动产、土地使用权、房屋、文物、字画、邮品、稀有图书、音乐作品、科技成果、小型企业、破产企业、市场摊位、汽车牌照、电话号码、体育明星的金牌，以及无线电传呼频率等，从有形财产发展到无形财产，充分体现了公开、公平、公正的原则，为价格不确定的商品（如房地产、企业产权、半旧物品和贵重物品等）、非正常流通商品（如执法机关缉私、罚没的物品和无人认领的物品等）提供了有效的流通渠道，实现了这些商品的最大价值。目前，实行拍卖的商品一般都增值30%以上，从而在增加国家财政收入、促进廉政建设等方面，发挥了积极作用。

1995年6月，中国拍卖行业协会正式挂牌成立。1994年起，上海市为解决交通严重拥堵的状况，首次对新增客车的牌照实行拍卖，现已有一些城市，如天津、广州、深圳、杭州等效仿上海机动车牌照拍卖制度。据报道，2020年1月的沪牌拍卖数据显示，个人额度8612辆，参加拍卖人数131948人，比上个月减少7126人，中标率约为6.5%。最低成交价90500元，平均成交价为90557元，比上个月增加了894元[①]。1996年7月5日，第八次全国人民代表大会第二十次会议审议通过我国第一部《中华人民共和国拍卖法》，并于1997年1月1日起正式实施。自此，我国拍卖业已取得长足的发展。

尽管拍卖活动起源很早，但是拍卖正式进入经济学研究领域的时间却比较晚，1961年维克里（Vickrey）在金融学顶级期刊*The Journal of Finance*发表了拍卖理论的开创性文章*Counterspeculation, Auctions and Competitive Sealed Tenders*，研究了公共要价激励与拍卖理论之间的相互影响与关系，还分析了关于私人拍卖信息和报价策略等问题。这篇文章为拍卖理论的研究奠定了坚实的基础，从此拍卖理论作为经济学的一个分支逐步发展起来。不过，此后的20年间拍卖理论的研究进展非常缓慢，直到20世纪70年代，一些博弈论学者在拍卖理论中引入

① 《上海今年首期沪牌竞拍结果出炉：中标率6.5%，最低成交价9.05万元》，http://news.mydrivers.com/1/668/668536.htm，访问日期：2020年1月20日。

不完全信息博弈理论后，终于取得突破性进展。Milgrom（1985）详尽讨论了对称单一物品拍卖的理论，并说明单一物品拍卖的理论可以推广到多单位商品拍卖，但每一买方只需用一单位商品的情形。McAfee 和 McMillan（1987a）主要讨论对称单一商品拍卖的情形，但他们更关注此理论的限定条件以及相应的推广。Milgrom（1987）则旨在回答什么时候采用拍卖比价合适和为什么拍卖在现实中会被如此广泛采用，他将拍卖放到更一般的经济交易制度大背景下来考察，并评估了不同经济交易制度在不同环境中的表现。同样地，Wilson（1992）的综述也主要考虑单一商品的拍卖问题。他提供了很多可以具体求出均衡竞价策略的例子。Matthews（1995）仔细考察了对称私人价值模型的技术问题。Klemperer（2003）的综述更强调拍卖理论和其他经济理论之间的内在联系。最近 10 年，学术界关于拍卖问题不同研究角度的文章大量涌现出来，标志着拍卖理论已经进入中高级微观经济学的核心领域。

（二）拍卖的基础知识

随着拍卖不断完善和发展，它在实际生活和理论界变得越来越重要，主要表现在以下几个方面。第一，拍卖处理了不计其数的经济交易。政府使用拍卖方式出售国债、外汇、矿山开采权、石油开采权以及处理国有企业私有化问题。另外，政府还用采购拍卖的方式来招标，而公司则用采购拍卖来购买一些投入品。当然，在采购拍卖中，采购者寻找的是最低价格而不是最高价格。在其他经济交易中，例如公司间的接管有时也用拍卖来处理。而无线电频谱许可证、电力和物流都是拍卖的新兴市场。第二，因为拍卖要求的经济背景非常简单，所以它能很好地检验经济理论，特别是不完全信息下的博弈论。主要的实证研究集中在石油井采权、森林和国债的拍卖上，同时对拍卖行实际工作的研究也有增加的趋势。第三，拍卖也是许多理论工作的基础，可以帮助我们理解价格形成机制。例如，拍卖通过竞买人的公开竞价来决定价格，使得拍卖与竞争市场之间有着密切的联系；最优拍卖与垄断定价非常类似，拍卖也能推动寡头定价模型的发展。第四，拍卖理论与技巧还能应用到非价格的配置方法中，如排队论、产品消耗战、游说竞争、各种竞技比赛等。

既然拍卖如此重要，那什么是拍卖呢？简单地说，拍卖是一系列的规则，这规则决定物品的配置和价格。具体来说，拍卖像一个机构，它能通过潜在竞买人的报价诱导出他们的估价，根据他们的报价情况来决定拍品的得主及竞买人的支付。因此，一方面，拍卖几乎可以处理各种商品（烟草、花卉、二手车、古董、艺术品等）的交易，这一点体现了拍卖应用的广泛性；另一方面，拍卖仅仅根据报价的情况来决定拍品的得主，而与竞买人的具体身份是农民还是总统无关，因而拍卖还具有非歧视性的特征。

常见的标准拍卖形式有 4 种，两种是密封式拍卖——一级价格密封拍卖和二级价格密封拍卖，另外两种是公开价格拍卖——荷兰式拍卖和英式拍卖。这些拍卖看似是非常不同的情形，并且在现实世界中实施方式不一样。公开价格拍卖要求竞买人聚集到同一个地点，而密封价格拍卖可以通过信件的形式提交报价。因此，在前一种形式下，竞买人可以观察到其他竞买人的行为，而在后一种形式下无法观察。然而，对于理性的决策者来说，其中的某些差异只是表面上的。下面介绍关于拍卖的基础理论知识。

（1）一级价格密封式拍卖。只有一个不可分物品，却有 n 个竞买人打算购买此物品。所有卖家作为竞拍者参与拍卖，把自己的报价写好后放入一个密封的信封中直接寄给卖家（只有卖家知道所有人的报价，每位竞买人只知道自己的报价），出价最高的竞买人获得这件拍品，需要支付的价格为自己的报价。工程建设投标最常采用这种方式。

（2）二级价格密封式拍卖。该拍卖方式与一级价格密封式拍卖类似，所有竞买人把自己的报价写好后放入一个密封的信封内直接寄给卖家（只有卖家知道所有人的报价，竞买人只知道自己的报价），出价最高的竞拍者获得此件拍品，而需要支付的价格为次高报价。美国知名在线拍卖及购物网站 eBay 采用的就是这种方式。

（3）荷兰式拍卖。n 个竞买人聚集在某个场地竞拍一件商品，卖家首先报出一个非常高的价格（没有竞买人会接受的价格），然后逐步降低该价格直到有某位竞买人举手表示愿意购买该件拍品，则此次拍卖终止。这位竞买人获得拍品，并支付拍卖终止时的价格。云南昆明的鲜花拍卖交易市场采用的就是荷兰式拍卖。

（4）英式拍卖。英式拍卖是目前使用最广泛的一种拍卖形式。n 个竞买人聚集在某个场地竞拍一件商品，卖家首先报出一个较低的价格，竞买人应价，然后卖者逐渐提高拍品价格，如果有竞买人不接受此价格，则他退出竞拍现场且不能再次参与竞拍。当只剩下一位竞买人未退出时，这位竞买人获得拍品并支付终止升价时的价格。拍卖行进行的古董和珠宝拍卖最常采用这种方式。

（5）估价。卖家采用拍卖的原因之一是卖家不能确定竞买人对将要售卖的拍卖品的估价，即每位竞买人对某件拍品愿意支付的最大金额。竞买人的社会阅历、知识水平、偏好、收入水平、财富、测试仪器不同，导致他们对同一物品的固有价值有不同的估计值。如果卖家能够准确知道该估价，他可以直接以与竞买人愿意支付的最高价格或略低于这个价格将物品卖给估价最高的竞买人。卖家和竞买人所面临的价值的不确定性是拍卖的固有特征。

如果竞买人在竞拍时知道拍卖品对于他自己的价值，这种情形就叫作私有估价。在这种情形下，没有一个竞买人能准确地知道别的竞买人对拍卖品的估价，并且其他竞买人的估价也不会影响拍卖品对某个竞买人的价值。私有估价假设在拍卖品的价值是由竞买人自己消费或者自己使用时而得到的是最可信的。例如，如果竞买人为一幅画、一套邮票或者一件家具估值仅仅是基于通过占有它而获得的效用计算出来的，那么私有估价假设就是比较合理的。相反，如果竞买人的估价是基于拍卖品将从回购市场上能够得到多少，将它看作是一种投资，那么私有估价假设就不是一个好的假设。

在很多情形下，拍卖品的价值对于竞买人来说在竞拍时并不知道。他可能仅仅只有某些人的估价或者某些私人了解的信息，例如专家的估价或评估结果，而这些都与真实价值相关。的确，其他竞买人可能会拥有相关信息，比如说，另外的估价或者评估结果。如果知道了这些信息，将会影响某些竞买人对拍卖品的估价。因此，在拍卖时拍卖品的价值是不知道的，并且可能会受到其他竞拍者可获得的信息的影响。这种价值称为相互依赖价值，特别适合被拍卖的物品是一种资产，并且这种资产很可能在拍卖之后被转售的情形。这种情形的一个特例是拍品价值在拍卖的时候并不知道，但是对于所有的竞买人来说是相同的情形。这种情形被称为一种纯粹的共同价值。当被拍卖的物品价值是由市场决定的，在拍卖的时候并不知道的情况下，共同价值模型最为适用。一个典型的例子就是出售地下有大量石油的一块土地。竞买人可能对石油的蕴藏量有不同的估计，可能是基于自己的勘测，但是这块土地的价值是由未来石油的出售量来决定的，因此这个价值对于所有的竞买人来说都近似相等。

“相互依赖”这个术语仅仅是指估价的结构以及估价是如何被其他竞买人的信息影响的，而不是指这些信息的统计特性。换句话说，被竞买人观察到的信号是什么样的分布。所以存在这样一种情形，即估价相互依赖，某个竞买人的估价依赖于其他竞买人观察到的信号。同时，这些信号自身又是在统计上相互独立的。类似地，还存在这样一种情形，即估价并不相互依赖。因此，某个竞买人的估价只与他自己的信号有关，但是这些信号之间是相关的。

拍卖可以通过竞买人的报价来诱导出竞买人的估价。为了达到整个社会的效用最大化，把拍卖品分配给估价最高的竞买人；为了使卖家的收益最大化，可以把拍卖品分配给报价最高的竞买人，估价最高的竞买人与报价最高的竞买人有时候是同一位竞买人，有时候可能不是同一位竞买人。

（6）标准拍卖形式间的等价性。对于 4 种标准拍卖形式，前两种密封式拍卖只能通过寄信等方式进行竞价，每位竞买人只知道自己的报价，而不清楚其他竞买人的报价信息。而后两种拍卖属于公开价格竞拍，所有竞买人都必须在同一个场地里进行竞价，在竞价开始后竞买人可以观察到其他竞买人的行为。虽然表面上的拍卖形式不同，但是分析机制后发现，他们的投标策略有相似的地方。

对于荷兰式拍卖与一级价格密封式拍卖，每位竞买人在两种拍卖中的投标策略完全相同，并且卖家和竞买人在两种拍卖中的所获收益也相同。在荷兰式拍卖中，拍品价格逐渐下降到有投标者愿意接受之前。由于缺乏信息来源，每位竞买人只知道自己的报价，无法了解其他竞买人的报价情况。虽然荷兰式拍卖以公开形式进行，但它并不能给竞买人提供有用的信息。当出现第一位竞买人举手示意接受拍品的此刻价格时，该拍卖就已结束。而对于一级价格密封式拍卖，竞买人的策略是将他的私有信息反映到竞拍价格中，每位竞买人仅知道自己的报价，不了解其他竞买人的任何信息。在一级价格密封拍卖中报某个价格等价与在荷兰式拍卖中愿意以这个价格去买，前提是这个报价有效。两种拍卖仅仅是形式上不同，本质是一样的。在这两种拍卖中，竞买人策略选择一致，均衡策略相同。因此，两种拍卖是完全策略等价的。

对于英式拍卖与二级价格密封式拍卖，在私有估价的条件下，两种拍卖模式是等价的，但是这是一种比前文提到等价性稍弱的等价。在英式拍卖中，当价格提高到次高估价者的估价时，次高估价者退出，最高估价者竞拍成功，支付价为次高估价，收益为自身估价与次高估价的差，其他竞买人收益为0，卖家的预期收益为次高估价。在二级价格密封式拍卖中，出价最高者获胜，支付次高报价，其他竞买人收益为0，卖家收益为次高报价。所以在英式拍卖和二级密封式价格拍卖中，竞买人与卖家的预期收益相同。不过，英式拍卖中由于竞买人的退出会使其他竞买人知晓他的私人信息，但在私有估价假设下，这些信息并不会影响到其他竞买人的决策。如果这些信息对其他竞买人的估价产生影响，即私有估价假设不成立，此时两种拍卖模式不再等价。

英式拍卖和二级价格密封拍卖的弱等价关系可以从两个方面来考虑。第一，这两种拍卖形式并不是策略上等价的。第二，最重要的是这两种拍卖的最优策略只有在私有估价情况下才是一样的。当估价相互依赖时，其他竞买人的可获得信息与某个竞买人对于拍卖品的价值评估是相关联的。看到某些竞买人的退出将被认为是坏消息，这将导致竞买人降低他对拍卖品的估价。因此，如果估价是相互依赖的，从竞买人的角度来讲，这两种拍卖就不再是等价的。

（7）等价收入定理。Myerson（1981）和 Riley，Samuelson（1981）几乎同时证明，Vickrey 关于不同拍卖方案会产生相同期望收入的结论在相当一般的情形下都成立，即等价收入定理：

给定买方人数，假定所有买方都是风险中性的，各买方的价值都相互独立取自同一严格递增的连续分布，那么，任何满足下列两个条件的拍卖机制都会产生相同的期望收入（从而每一买方的期望支出，作为信号的函数，也是相同的）：

第一，标的物总是为最高信号的买方获得。

第二，任何买方，如果其信号是所有可能信号中最低的，那么他的期望剩余为零。

这一结论既适用于买方价值仅依赖于私人信号的私人价值模型，也适用于更一般的信号独立的共同价值模型。因此，所有的标准拍卖如英式拍卖、荷兰式拍卖、一级价格密封拍卖和二级价格密封拍卖，在上述条件下都会产生相同的结果。

在最优拍卖中，标的物总是归最高边际收入的买方所有，正如价格歧视的卖方会将商品卖给边际收入最高的买方。正如垄断者不应以低于边际收入时的价格销售，卖方的保留价也应当不低于边际收入。如果卖方或垄断者只是最大化期望收入，边际收入应当等于零。

当买方之间对称（即他们的信号来自同一分布）时，任何标准拍卖都会将标的物卖给信号最高的买方。因此，在等价收入定理成立的条件下，如果最高信号买方也具有最高边际收入，且卖方设定最优保留价的话，则所有标准拍卖都是最优的。

（8）收入和效率。在拍卖理论中，经常需要比较不同的拍卖形式在特定经济环境下的表现。这可以从两个方面进行评估，并且这两种评估标准要根据具体情况来定。从卖家的角度来考虑，比较不同拍卖形式的一个最自然的标准是收入，或者是他能够得到的期望出售价格。如果从整个社会的角度来看，效率才是最重要的，即拍卖品分配到事后估价最高的竞买人手中。当卖家将公共资产出售给私人部门获得收入时尤其适用。因此，这里的卖家（政府）将会选择一种拍卖形式保证拍卖品得到有效配置，即使从其他一些非有效配置的拍卖中获得的收入会更高一些。

当拍卖无法有效配置物品时，是否能够依靠所谓的“市场”来有效地重新配置拍品？毕竟，如果在交易中存在未实现的好处，那个赢得拍卖的竞买人可以将拍卖品转售给估价更高的竞买人。这种观点不成立，存在两点理由。第一，拍卖之后的交易通常会只有一小部分竞买人参与，尤其是在私有估价的环境下，因此这将导致转售价格出现讨价还价的问题。一般情况下讨价还价是在不完全信息的条件下进行的，所以它不太可能导致有效率的结果。第二，转售可能伴随着巨额的交易成本，因此即使应该交易，最终仍然不会交易。总之，即使在最好的情况下，没有交易成本或讨价还价，仍然无法依靠市场有效重新配置拍品。

不过，收入和效率并不是选择拍卖形式的唯一标准。共有估价的拍卖形式具有一个优点，拍卖的规则是透明的。这在实际应用时可能是一个非常重要的考虑因素。而另一重要的因素是竞买人共谋的可能性。

（9）普遍性和匿名性。拍卖制度的一个重要特征是它们都是为了以竞价的方式从潜在的竞买人那里得到他们愿意支付多少的信息，并且谁赢得拍卖以及支付多少这些结果完全是根据接收到的信息来决定的，这隐含着拍卖的普遍性。拍卖可以用来出售任何商品，一件珍贵的艺术品和一幢二手房都可以通过英式拍卖在一定的基本规则下进行拍卖。同样，它们也可以以二级价格密封拍卖的形式进行拍卖。拍卖的具体形式与所要卖出的物品的具体特征无关。

拍卖制度的另一个重要特征是匿名性。这里指的是竞买人的身份不会决定谁将赢得拍卖品以及谁将支付多少费用。例如，如果竞买人甲以报价 b_1 赢得拍卖并且支付金额为 p，那么保持其他竞买人的报价固定不变，竞买人乙报价 b_1，而竞买人甲报价 b_2，则竞买人乙将赢得拍卖并同样支付金额 p。除了竞买人甲和乙之外的所有竞买人将完全不会受到刚才所描述的竞买人甲和乙互换对他们报价的影响。

二、关键词拍卖的发展历程

（一）关键词广告与广义第一价格拍卖机制的产生

1994 年，最早的互联网广告诞生。早期采取的定价方式是双方进行谈判，网站与每个有意向的广告主一对一单独进行谈判，综合考虑各方面因素确定是否同意在该平台投放广告。广告平台通常采用每千次点击支付（Cost Per Mille，CPM）向广告主收费，一些大企业广告主可以接受这种谈判定价方式，但是对众多小企业广告主也采取同样方式，费时费力且效果很差，并不适合高效率的互联网平台，还对互联网广告的发展造成了一定的阻碍。

1997 年，一家名为 GoTo. com 的搜索引擎公司（2001 年正式更名为 Overture，2003 年雅虎公司以 16. 3 亿美元的价格收购）最先使用拍卖的方式出售其搜索结果页面上的广告位，他们使用的是广义第一价格（Generalized First Price，GFP）拍卖机制。广告主根据自身产品或服务具备的特点，对感兴趣的关键词的相关度和搜索频率进行综合考量后，给出用户每次点击后广告主应支付的费用。一旦搜索引擎用户检索该关键词时，搜索引擎将所有对此关键词进行过报价的广告主全部从其数据库中调出，按照报价由高到低进行排序，然后按照该顺序将搜索结果页面上的广告位从上到下依次分配给相对应的广告主。在 GFP 机制中，若用户点击了某位广告主的关键词广告链接，则该广告主需要向搜索引擎支付等于自己报价的广告费。相比早期的互联网广告模式，GoTo. com 公司采用的关键词广告交易机制有以下几点特征。首先，关键词广告属于定向发布广告，广告主可以选择不同的关键词控制投放广告的受众群体，如性别、年龄、教育背景、职业、收入等因素，避免在非自身目标群体上浪费广告预算。其次，关键词广告是按点击支付的，只有用户点击广告链接后，广告主才需要向搜索引擎付费。相比按照展示次数付费的模式，按照点击付费更容易被广告主接受。而与一对一谈判的模式相比，关键词广告的交易效率也因为自主运行的拍卖机制而大幅提升，还能够提供详尽的统计数据报告供广告主参考调整。最后，相较投放传统广告的高昂成本，关键词广告的费用相对较低，多数中小微广告主也可以参与投放。由于具备上述这些特征，GoTo. com 公司推出的关键词广告拍卖模式获得巨大成功。不过系统经过一段时间的运行实践后，GFP 机制存在的缺陷也逐渐暴露出来，为获取更多的收益，广告主需要时刻关注竞争对手的情况，还要根据对手的反应随时调整报价，导致形成价格战的态势，使拍卖效率有一定的降低。因此，GFP 拍卖机制存在效率低、不稳定的缺点。

（二）广义第二价格拍卖机制的产生

2002 年谷歌公司发布关键词广告交易系统——AdWords，该系统使用一种新的支付机制——广义第二价格（Generalized Second Price，GSP）拍卖机制。相比 GFP 机制，GSP 机制与其最显著的差别在于广告主的支付价格不再等于自己的报价，而仅需支付可以保持当前报价排序的最低价格，即为排在相邻后一位的广告主的报价再加上一个最小货币值（通常是 1 分钱，多数文献为了计算简便都忽略此最小增量，本书也沿用此规则，在 GSP 机制中忽略该增量）。可以看到在 GSP 机制中广告主每次点击支付的价格是下一位广告主的报价，而与自身报价无关，从而避免出现 GFP 机制中竞争广告主为获得高排名广告位频繁改变自身报价的行为，一定程度上保证了关键词拍卖机制的稳定性。而且当 GSP 机制达到局部无嫉妒均衡时，搜索引擎的收益不会低于使用 VCG 机制的占优均衡带给搜索引擎的收益。由于 GSP 机制具有简单、稳定、收益高等特点，除谷歌外很多大型互联网企业如百度、雅虎、微软的必应和淘宝网等采用的都是 GSP 拍卖机制，它已成为目前行业中应用范围最广的关键词拍卖机制。谷歌公司之后又对 GSP 机制进行了改进，提出广告排序不能只考虑报价高低，在机制中加入广告质量分（Quality Score）作为广告主报价的权重进行综合排序。质量分的打分原则主要由该广告的历史点击率（Click - Through - Rate，CTR）和点击量、关键词与广告文案的相关性、目标网站的页面质量以及历史表现等相关因素共同决定。

（三）维克里 - 克拉克 - 格罗夫斯拍卖机制的形成与发展

维克里 - 克拉克 - 格罗夫斯（Vickrey - Clarke - Groves，VCG）拍卖机制的形成主要分为三个阶段：① Vickrey（1961）针对不可分割的单个物品，很多潜在购买者想要购买该件物品，采用拍卖的方式进行出售。每位买者把自己的报价写在纸上，放入一个密封的信封中寄给卖家，卖家将比较所有买者的报价，出价最高者获胜，支付的是次高出价者的报价。这种拍卖机制就是前文提过的第二价格密封式拍卖，也被称为“Vickrey 拍卖”。可以证明说真话是投标者的弱占优投标策略。②Clarke（1971）将 Vickrey 拍卖机制应用到一般情形中，主要应用在公共物品的供给与分配上。为激励消费者表达他们对于公共产品的真实偏好，采用征收惩罚性的“克拉克税”的方式，以实现有效率的供给，常用于决策某一项公共产品是否应该被供给。③Groves（1973）在 Vickrey、Clarke 的研究基础上进行推广，为政府引导企业发展提出一套有效的激励补偿机制。Groves 机制解决这样一个问题，目标从一个离散的结果集合中选择一个结果，以最大化所有参与人的总价值。Groves 机制是分配有效率的和策略防护的。三位学者提出的机制都是基于激励机制引导消费者表露自身真实偏好，从而解决公共产品供给与分配的效率问题，所以将他们的理论进行总结，融合为一种新的拍卖机制，并使用三位学者的名字将该机制命名为“VCG 机制”。

在 VCG 机制中，每位广告主的支付等于他对其余所有广告主造成的总损失，即每位广告主所支付的价格等于当该广告主退出时，其余所有广告主获得利润的增量和。在 VCG 机制中，获胜广告主的支付用来补偿由于他参与竞拍对整个社会福利造成的损失，而社会总福利等于广告主的总预期支付与预期收益的和，所以 VCG 机制并没有降低社会效率，故 VCG 机制是一种有效机制。一些学者尝试进行机制改进时，常与 VCG 机制进行对比。Edelman（2007）设计了一种与 VCG 机制效果相同的广义英式拍卖。它与 VCG 机制的预期收益以及随机变量的所有可实现值都相等，并且结果不取决于对称广告主或先验知识的假设，估价分布也不需要公共信息。尽管存在占优策略均衡的博弈都有后验均衡，但是广义英式拍卖不存在占优策略均衡。这个机制的结果只依赖广告主估价，不依赖广告主的其他信息。

VCG 机制相对 GSP 机制要复杂一些，但该机制有很好的理论性质，即说真话（每位广告主报出自己的真实估价）是一个占优策略。但是在 GSP 机制下，说真话并不是一个占优策略。

在单物品拍卖问题中，VCG 机制与第二价格拍卖机制是相同的。假设估价最高和估价次高的投标者分别为 i, j，报价最高者获胜，除投标者 i 外，其他人是否参与竞拍不会对社会总福利产生任何影响，故他们的预期支付为 0。再分析投标者 i，当投标者 i 不参与投标时，排在第二位的投标者 j 获胜，此时的社会总福利为投标者 j 的估价 v_j，当投标者 i 参与投标时，其他人的社会总福利为 0，即投标者 j 损失了 v_j，其他人没有损失。因此，广告主 i 的支付等于 $v_j - 0 = v_j$。与第二价格拍卖类似，报出真实估价也是 VCG 机制中广告主的弱占优策略，所以 VCG 机制是激励相容的。

相比 GSP 机制在搜索引擎网站中的广泛使用，采用 VCG 拍卖机制的网站较少，较为知名的如 Facebook 公司在它们推出的 AdAuction 系统中使用经典 VCG 拍卖机制（Hegeman, 2010）。近年来，Varian 和 Harris（2014）在文献中提到谷歌公司也已在 2012 年之后将 VCG 拍卖机制应用于网站的某些关联广告中。

（四）关键词广告交易流程

搜索引擎、广告主和用户参与的关键词广告交易的流程如图 2.1 所示。

关键词拍卖作为关键词广告发布的重要组成部分，研究关键词拍卖就很有必要对关键词广告的交易过程进行介绍。首先，搜索引擎用户在搜索引擎栏中输入关键词，点击搜索按

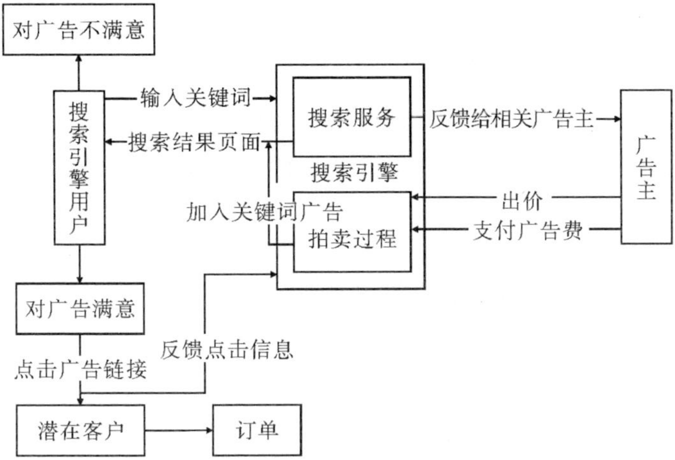

图 2.1 关键词广告交易基本流程

钮。然后，搜索引擎网站收到用户搜索请求，将此关键词信息传递给相关的广告主。广告主会事先针对自身企业生产产品属性或提供服务类型选择相应关键词进行报价并提供广告标题、简要文字描述与 URL 地址，反馈给搜索引擎网站，搜索引擎网站将报价同一关键词的所有广告主根据事先制定的规则进行排序，选取排序靠前的广告随自然搜索结果依次展示在搜索结果页面的广告位上（广告链接从搜索引擎服务器中直接调取）。若用户对某个关键词广告感兴趣，则他会点击该广告链接，若采取按点击付费方式（Cost Per Click，CPC），该广告主就需要向搜索引擎网站支付此次点击的费用（排在下一位的广告主报价）。当用户点击广告链接进入该企业的网站后，通常会出现两种情况：若用户对该产品不满意，则他会关闭该网页，返回到搜索引擎页面；若用户对该产品感兴趣，产生购买意愿，则该用户成为潜在客户，注册下单，完成交易。若采取按购买付费（Cost Per Purchase，CPP）方式付款，该广告主需要以相应的销售笔数付费给搜索引擎网站。最后，一旦某位广告主的预算耗尽，需要立刻退出拍卖过程，排在后一位的广告主自动向上移动一位，直到设定的拍卖周期结束或者广告主的预算耗尽为止。

三、关键词拍卖文献回顾

（一）静态博弈关键词拍卖模型

GFP 机制不存在纯策略纳什均衡，因而该机制是不稳定的（Edelman 和 Ostrovsky，2007），业界开始寻找更好的替代机制。现在受到关注和研究最多的是 GSP 机制，其中学术界公认的奠基性研究是由 Varian（2007）与 Edelman 等（2007）给出的。他们分别研究了完全信息下的静态博弈模型。Varian（2007）首先提出了 GSP 机制中纳什均衡（Nash Equilibrium，NE）与对称纳什均衡（Symmetric Nash Equilibrium，SNE）的概念，并分析证明了对称纳什均衡的相关性质：估价大于支付、估价单调、支付价单调、SNE 是 NE 的子集以及局部最优等价于全局最优，给出了广告主使用 SNE 机制报价的上下界，指出搜索引擎采用 VCG 机制的收益是采用 GSP 机制收益的下界，推导出 SNE 中估值的范围，并对相关结果进行实证分析。从理论角度来看，对称纳什均衡具有非常好的性质，但是它并不符合实际（广告主在原位时的收益与向上偏离后的收益进行比较的不等式不满足 GSP 机制），而纳什均衡的定义才符合实际环境。到目前为止，学术界对于纳什均衡的研究较少，未获得较详尽的理论结果。Edelman 等（2007）研究了 GSP 拍卖机制，搜索引擎使用该机制出售在线广告。不像 VCG 机制中广告主说真话（估价等于报价）是占优策略均衡，GSP 机制不存在占优策略均衡，说真话并不是 GSP 机制的均衡策略。Edelman 等（2007）还给出一个采用 GSP 机制的广义英式拍卖，该模型存在唯一的均衡——局部无嫉妒均衡，并可以证明局部无嫉妒均衡与对称纳什均衡是等价的。

除了研究 GSP 机制外，很多学者将更加真实的 VCG 机制引入关键词拍卖模型中（Varian, 2007；Edelman 等, 2007；Milgrom, 2010），研究了 VCG 机制与 GSP 机制的关系。Bu 等（2008）给出前瞻性纳什均衡，证明该均衡是真实且有效率的，并发现其均衡结果与 VCG 机制相同。姜晖和王浣尘（2009）等人从实证角度给定关键词拍卖中广告主价值的假设，建立了 GSP 机制的拍卖模型，证明了广告主的价值随排名逐渐递减时，GSP 机制存在任意的无嫉妒匹配，能够实现与 VCG 机制相同的结果，并指出实现 GSP 支付函数的有效配置形式是不唯一的。Fukuda 等（2013）分别从理论和实证角度研究比较了 GSP 与 VCG 两种关键词拍卖机制，在 VCG 机制中应用局部无嫉妒纳什均衡（Locally Envy - Free Nash Equilibrium，LEFNE），并与使用 GSP 机制时的搜索引擎收益进行比较，发现这个分配仍然是有效的，使用 VCG 机制的搜索引擎收益的上下界与使用 GSP 机制的收益是一致的，在 VCG 机制中说真话（估价 = 报价）仍满足 LEFNE 条件。Fukuda 等（2013）最重要的结论是采用 VCG 机制时报价向量是 LEFNE 的充要条件为报价满足 $b_i \in [v_i, v_{i-1}]$（$i \in N$），这表明每位广告主报价需高于自身估价。但是该结论没有考虑广告主间报复性报价的行为，所以得到的均衡条件并不稳定。

还有很多学者考虑改变点击率的假设，不仅只依赖于广告位，还与其他因素有关。Lahaie 和 Pennock（2007）基于雅虎公司的实际报价分布情况和关键词点击率数据，采用蒙特卡洛模拟，假设点击率分离条件下同时考虑报价与质量分，研究了广告主的收益最优排序规则。陈李钢和李一军（2010）研究了在考虑广告质量因子情况下的关键词拍卖问题，给出单阶段竞价模型均衡时的广告主报价，这种情况下，其他广告主的私人信息不会影响广告主的最优报价选择，还给出多阶段竞价模型中，一位广告主采用最小加价策略时，另一位广告主的最优竞价策略，并证明该结论。Yoon（2010）研究了关键词拍卖中质量分的问题，质量分的最优选取能够榨取所有广告主的剩余价值，而该结果产生的原因是质量分能够有效地将所有广告主的估价设定为最高估价，还会导致广告主激烈的出价竞争。Jerath 等（2011）将参与关键词广告拍卖的公司按质量与知名度分成两类，即优等公司与劣等公司。发现按这种分类会出现一种“位置悖论”的现象，在按印象付费的机制下，优等公司报价低于劣等公司，获得排名较低的广告位，但是仍可以获得高于劣等公司的用户点击数；而在按点击付费机制下，劣等公司有更强的动机获得高排名，因为缺乏消费者知名度，只能依靠高排名吸引用户，提高点击率。最后使用韩国知名的搜索引擎数据验证该模型。Pin 和 Key（2011）提出一个简单的概率模型，用于预测广告主获得的点击数以及他们要支付的总额，还可以预测广告主的估价。

还有许多文献在基本的关键词拍卖模型上进行改进，讨论广告主报价均衡、搜索引擎收益等方面的问题。Sodomka 等（2011）提出一种可预测广告主对不同关键词估价的分层模型，模型的预测质量由主流搜索引擎的50个高消费广告账户进行评估，结果显示该模型在推断估价方面优于基本模型。原全和汪定伟（2012）研究了关键词拍卖的胜标概率模型，在GSP机制下，从广告主角度，建立了关键词投标价格决策模型。通过数值模拟结果看出，关键词投标决策模型可以使广告主选取最优报价，从而取得最大期望收益。Bu等（2012）研究了GSP机制下的纯策略纳什均衡的性质，其中允许每位广告主提交不止一个报价，这个多报价策略已经被某些有关键词广告的搜索引擎企业采用，并分析了允许所有广告主使用多报价策略与仅允许一位广告主使用多报价策略时达到纯策略纳什均衡的相关性质。李军和刘树林（2013）研究了搜索引擎打折对其收益的影响，搜索引擎收益由折扣效应与竞争效应之间的相对大小共同决定。理论与数值模拟结果表明，为广告主设置合理的折扣因子，可以使搜索引擎收益提高。林宏伟和邵培基（2013）等人构建了搜索引擎与广告主的两阶段收益竞价模型，使用纳什均衡条件确定两阶段的最优定价，分析两阶段定价实施的可行性。研究结果显示，两阶段定价模式既可以使广告主节省广告支出成本，又能够有效阻止欺诈点击与信息不对称所带来的风险，使搜索引擎获得更多收益，并吸引更多的潜在广告主参与竞价。覃朝勇和田澎（2014）等人研究了双关键词广告位的广告主竞价问题，构造双关键词广告拍卖模型，引入用户纯度的概念，即用户仅搜索一个关键词的比例。在合理假设条件下，分析三种情形下的广告主获得收益及竞价策略的不同结果，结论表明，当单次点击估值大小与关键词无关时，用户纯度决定了广告主的竞价策略。原全和汪定伟（2014）针对广告主对关键词的估价不一定是最优的问题，设计了在GFP拍卖机制下的胜标概率模型与最优投标价决策模型。广告主通过最优投标价决策模型可以找到关键词的最优报价，并使用数值模拟手段证明该模型是有效的。

现有文献多数从单次拍卖的角度研究关键词拍卖，广告主可参与一轮拍卖，每次提交一次报价，但是实际情况中的关键词拍卖，广告主可以参与多轮竞拍，随时改变报价，根据自身需求随时参与或退出竞拍。尽管 Edelman（2007）指出在经过多轮竞价后，关键词拍卖模型可近似看作静态博弈模型，但是实际中的关键词拍卖模型大多仍属于动态博弈模型。本书的第四章将针对关键词拍卖的静态博弈模型展开研究，深入分析带预算约束的广告主的报价均衡问题。

（二）动态博弈关键词拍卖模型

近年来，研究动态博弈关键词拍卖的文献日益增多，动态博弈模型相比静态博弈模型更加接近实际的关键词拍卖，并且其中有很多角度可以进行研究，例如：拍卖机制的动态均衡与收敛性、不完全信息的动态博弈与广告主报复反击性报价等。

关于拍卖机制的动态均衡及收敛性方面，Edelman 和 Ostrovsky（2007）通过分析 Overture 公司从 2002 年 6 月 15 日到 2003 年 6 月 14 日一整年的拍卖数据发现，Overture 公司使用的 GFP 机制会导致广告主的报价出现价格战现象，并用实际数据估计出 Overture 公司若采用 VCG 机制替代原有的 GFP 机制，收益将会增加 7%，并发现谷歌公司的 GSP 机制也会出现价格战情况，但是程度没有 GFP 机制明显。而 Borgs 等（2007）研究了在线广告拍卖的动态报价优化问题，提出一种启发式报价，广告主通过均衡所有关键词的投资回报来优化他们的效用，并给出带有随机扰动的改进机制，该机制会从实验角度收敛到 GSP 机制。Bu 等（2008）研究了广告主的前瞻性竞价策略，首次提出前瞻性纳什均衡的概念。该理论认为在关键词拍卖进行过程中，广告主可以根据实际情况，随时改变自身报价，而且在拍卖前就分析出给定该报价后，其他广告主针对此报价的应对方式，并使用前瞻性竞价策略，给出最优报价的范围。作者证明了当其余广告主对某位广告主采取的前瞻性策略选择的报价范围进行回应时，该策略并不会减少这位广告主的收益，并能证明该策略是动态收敛的。Sakurai 等（2008）提出一种改进的 GSP 机制——带有独占权的 GSP 机制。在该机制中，根据广告主的报价情况，搜索结果中的广告位数量可以动态调整以增加社会福利和搜索引擎收益，而 GSP 机制中广告位是事先确定的。改进机制中的搜索引擎收益不会低于 GSP 机制，如果排名最高的广告主报价足够高，则他支付高价可以唯一地展示他的广告。姜晖和王浣尘等人（2010）研究了动态博弈的关键词拍卖模型，指出 VCG 机制在实践中的局限性，引出并界定了使用 GSP 机制的优势，证明了广告主的估值具有可分离形式时，采取按点击付费的 GSP 机制进行有效竞价排名可以达到动态博弈中 VCG 机制的均衡状态。数值模拟结果显示，在动态博弈中不同的排序规则对于搜索引擎收益和均衡效率的影响：有效排序机制明显优于单纯排序机制。Asdemir（2011）使用动态 GSP 拍卖机制模型，研究了两种马尔科夫完美均衡，一种会出现稳定报价，另一种会导致循环价格战。作者还分析了搜索引擎收益对模型参数变化的敏感度，并提供了一些增加搜索引擎收益的方法。例如：优化首个广告位的体验、选择适当保留价以及调整网格大小等。Nisan 等（2011）提出一种最佳响应拍卖机制，使用该框架展示了一个短期最佳响应可以动态收敛到 VCG 机制，并且在很多研究成熟的拍卖环境中是激励相容的。作者证明广告主在其余所有广告主重复最佳响应时也应选择相同的策略，并指出该机制为消除完全信息均衡概念与通常私人信息拍卖理论之间的隔阂提供了方法。

关于非完全信息下的动态博弈方面，Edelman 和 Schwarz（2007）研究了不完全信息下的动态关键词拍卖问题，找到动态博弈环境下的均衡收益的上界，使用均衡选择标准评估付费搜索平台销售搜索引擎广告的最优设计。作者最后还分析了保留价对广告主收益的影响。Tsung 等（2014）研究了不完全信息下，基于英式拍卖的付费搜索中报价增量调整的策略问题。构建一种非降低的关键词拍卖机制以减少得到拍卖结果的计算量，并为了最大化搜索引擎收益，提出了固定最小增量价格（fixcd - MIP）与等比例/倍数增加增量价格（AIMD - MIP），发现 fixed - MIP 收敛速度较快。对于搜索引擎收益，AIMD - MIP 在流行关键词方面较优，fixed - MIP 在罕见关键词方面更好。

关于广告主报复与反击报价方面，Zhou 和 Lukose（2007）研究了广告主间的报复性报价行为，其中报复性报价指的是广告主自己支付价格不变的情况下提高报价使其他竞争广告主应支付的价格提高。作者研究发现，在报复性报价环境下大多数的纳什均衡都是不稳定的，而总有纯策略纳什均衡存在于仅有一组报复性报价竞争广告主的情况中，但是当报复性广告主数量超过两人时，很可能不存在纯策略纳什均衡。作者还给出在仅有一对报复性出价竞争对手的情况下找出纯策略纳什均衡的方法。此外通过相关数据分析，发现报复性报价行为大量存在于真实的关键词拍卖行为中。Yuan（2008）认为关键词拍卖中拍卖机制是否稳定非常重要，而 GSP 机制并没有像业界和学术界理解的那样稳定，广告主之间也会进行报复性报价，排位靠后的广告主会故意抬高自身报价以增加前一位广告主的支付价格，以减少对手的收益。而雅虎公司 2002 年 6 月将 GFP 机制升级为 GSP 机制，作者采用实证方法对机制变化前后的数据进行分析，得到 GSP 机制并不稳定的结论，并指出搜索引擎设计合理的拍卖机制，可以尽可能减少广告主策略行为对其造成的影响，从而降低博弈成本。Liu 和 Liu（2015）沿用 Fukuda（2013）的模型，将报复反击的思想加入 VCG 机制的动态模型，找到了动态模型均衡时广告主的报价，即每位广告主的报价等于排在上一位广告主的估价（$b_i = v_{i-1}$），并给出相关理论证明和实例，得到很好的结论。

基于动态博弈模型的关键词拍卖文献相比静态博弈模型的要少一些，且 GFP 机制不存在纯策略纳什均衡，所以在实际关键词拍卖领域，各个搜索引擎都没有使用该机制，这个研究方向也较少有研究人员关注。国内外学者都已转而研究 GSP 与 VCG 机制的动态博弈模型。

（三）关键词拍卖中的机制设计理论

关键词拍卖主要有三方参与者，包括搜索引擎、广告主与用户。搜索引擎是平台、服务与信息提供方，广告主是推销产品或服务提供方，用户是信息与服务需求方。因此，搜索引擎在设计所采用的拍卖机制时既要考虑自身利益，更重要的是考虑用户的使用体验以及效率因素。不能只关注短期利益，还要考虑这种排序或支付规则对长远利益会有何种影响。一种拍卖机制的制定，对于点击率水平、广告主（尤其对预算有限的中小微企业广告主）参与投放的积极性以及用户印象都会产生一定的影响。

Aggarwal 等（2006）提出一种新的拍卖机制——阶梯式拍卖（Laddered Auction），该名称因每位广告主的支付价格是由排序在其后面所有广告主的点击率和报价共同决定而来的。该机制不需要对点击率做任何前提假设，是一种说真话的机制，说真话是广告主的弱占优策略。作者还证明了采用 GSP 机制的分配结果与阶梯式拍卖的分配结果相同。若点击率满足分离性假设时，阶梯式拍卖与 VCG 机制等价。阶梯式拍卖中加入权重因子，更接近真实情况，但它不是最优的拍卖机制。姜晖和王浣尘（2008）等人对 Varian（2007）提出的采用 GSP 机制的关键词拍卖模型进行改进，构造了 GSP 机制下的有效竞价拍卖模型，并给出该模型中广告主最优竞价策略的等价表述及局部无嫉妒均衡的条件，证明使用有效竞价排名能够使广告主和搜索引擎的收益同时达到最优，满足帕累托最优，比单纯竞价排名模型更加贴近实际。姜晖和王浣尘（2009）等人在静态拍卖模型的基础上，建立一般的付费搜索拍卖模型，并证明给出的有效排名机制比起单纯竞价排名的均衡效率更高，但是搜索引擎收益不一定会提高，最后通过数值模拟结果表明，相关度因子差别较大时，有效拍卖机制才明显优于单纯排名机制。

汪定伟（2011）设计了基于广告主信誉度的一种新的关键词广告排名机制，采用 VCG 支付机制推导出每位广告主的支付价格，并与单纯竞价排名机制比较，指出广告主的收益短期内有所损失，但是从长期角度考虑，由于信誉度提高带来的点击量增加，必然会导致信誉度高的广告主收益的上升。黄河和杨琴（2012）等人考虑用户福利问题，将用户的总点击量作为主要参考指标刻画用户福利，设计了一种改进机制模型，通过数值模拟的手段进行比较，发现改进机制比原有 GSP 机制的广告总点击量有一定提高，但搜索引擎收益短期内会有所下降。因此，从搜索引擎角度来看，需要权衡改进机制对当前收益和长远利益的影响。蔡志强（2013）基于博弈论的方法研究搜索引擎关键词拍卖的经济机理与均衡策略问题，用户对竞价排序的敏感度会影响搜索效果与期望收益，不同广告类型存在替代或竞争关系。长期来看，有关机构为保障各方利益需要对竞价排名机制进行有效规范。殷红（2014）针对虚假广告问题，将广告主信誉度加入关键词拍卖模型中，设计出可信排名的 GSP 拍卖机制，可以使广告主信誉水平提高，并分别分析了广告主均衡报价策略、均衡时的收益以及效率。研究结果表明，当信誉度差别很大时，改进机制可以增加搜索引擎收益，提高拍卖效率，而且在不完全信息环境下也得到类似结论。何继伟和刘树林（2015）建立了同时考虑广告主信誉度与用户体验的竞价排名机制，给出在此机制下的对称纳什均衡条件，得到广告主的均衡报价策略，并通过数值模拟的方式证明，在改进机制下的用户满意度有所提高，并且拍卖效率明显优于单纯竞价排名机制。

随着搜索引擎的社会影响力与日俱增，将会有越来越多的企业投身其中。因此，关键词拍卖机制设计的优劣不仅体现在收益升降上，更会在很大程度上影响搜索引擎网站的整体形象。

（四）带有保留价的关键词拍卖

保留价也是研究关键词拍卖的学者一个比较关注的方向。

其中 Gonen 和 Vassilvitskii（2008）在 Aggarwal 等（2006）的研究基础上进行扩展，加入广告位保留价，构建了双阶梯式拍卖（Bi – Laddered Auction）机制，并证明双阶梯式拍卖是唯一真实的拍卖机制，但是该机制会出现预算赤字的问题。戎文晋和刘树林（2010）讨论了如何设置关键词广告保留价的问题，将关键词拍卖看作可分的单物品拍卖，并将 Riley（1981）的相关保留价结论推广到关键词拍卖上，发现最优保留价与广告主人数有关。张娥和郑斐峰（2011）等人考虑广告位供大于求时，不同保留价对于广告主的报价策略和收益的影响，发现供大于求时保留价对高类型广告主激励效果显著，而设置低水平保留价对低类型广告主激励效果比较明显。当保留价较高时，设置两个广告位的收益大于设置一个广告位的收益，研究结果对广告主制定销售策略具有一定指导作用。王平和张玉林（2013）进一步研究了关键词拍卖最优保留价的问题，将点击率设置为与位置和广告主都相关，更符合实际情况，并分析了估价在独立同分布条件下保留价对广告主的影响，保留价提高会导致广告主获得广告位的概率下降。因此，为了保证参与竞价的广告主人数稳定，搜索引擎必须设置一个合理的保留价，以获取更多收益。

（五）不完全信息下的关键词拍卖

实际中关键词拍卖通常是在不完全信息情况下进行的。阳成虎和杜青龙（2009）研究了不完全信息下的关键词拍卖问题，构建了胜者支付规则下带有保留价的关键词拍卖模型，并使用数值模拟的手段，分析讨论了影响广告主报价的因素，比较了保留价在胜者支付（Winner – Pay）与全支付（All – Pay）

两种规则下对搜索引擎收益的影响，结果表明，搜索引擎在胜者支付机制下的收益不低于全支付规则下的收益。因此，在实际情况中均使用胜者支付机制。曹文彬和浦徐进（2011）基于静态博弈模型，研究搜索引擎在不完全信息下的GSP机制的广告主排名问题，给出按点击付费的贝叶斯均衡报价函数，分析了点击率与均衡的关系，并讨论了搜索引擎收益与点击率变化之间的关系，该结论对广告主在不完全信息下的报价策略与搜索引擎制定广告位拍卖策略提供了依据。Kamijo（2013）研究了广告主在密封报价环境下的报价行为，在此环境下每位广告主不知道其他广告主的实时报价。该研究考虑了广告主在报价调整过程中实验性出价的安全报价（Secure Bidding with a Trial Bid, SBT)，在密封报价环境中非常有用。对不考虑初始报价情况，结果显示在一次博弈中使用SBT报价调整过程会收敛到均衡点，同时仿真结果也证明密封报价环境对搜索引擎是有益的。Gomes和Sweeney（2014）使用贝叶斯纳什均衡分析了不完全信息的GSP机制的关键词拍卖问题，给出该均衡存在的充要条件。在只有两个广告位的情形下，该充要条件成立需要第二个广告位的点击率充分小于第一个广告位的点击率。同时在考虑最优保留价情况下，搜索引擎的期望收益会随着所有位置点击率的提高而增加。

（六）关于关键词拍卖的学位论文

很多学者的学位论文都涉及关键词拍卖问题，卜天明（2007）在其博士论文中将关键词广告位拍卖过程看作动态不完全信息的非合作博弈，提出一种比传统纳什均衡更适合关键词拍卖的有远见的纳什均衡。该均衡解具有良好的性质，使用该均衡时广告位的定价与使用 VCG 机制时的定价相同，作者还证明了该模型最终将收敛于有远见的纳什均衡解中。Qi（2008）在其硕士论文中研究了关键词拍卖的前瞻性纳什均衡问题，证明广告主前瞻性选择的收益等价定理，还证明了在随机调整机制下，广告主的最优前瞻反应将收敛到前瞻性纳什均衡。发现广告主即使为了获利在多个搜索中进行拍卖，前瞻性纳什均衡也可以在不同搜索中同时达到。数值模拟结果显示即使有其他报复性广告主的不合理恶意偏离的干扰，也不会影响到该系统的稳定性。仰景岗（2008）在其硕士论文中使用贝叶斯网络对关键词拍卖问题进行研究，构建了无约束条件下的贝叶斯网络影响图优化预测模型，然后分析了预算约束对竞价效果的影响，发现收益率在多关键词策略中起着重要作用，并给出通过收益率比较不同关键词的竞价效率的方法。姜晖（2010）在其博士论文中构建了关键词拍卖的动态博弈系统模型，并进行数值仿真模拟，研究了关键词拍卖机制维度取值变化对搜索引擎收益和用户搜索效率等变量的影响，并在理论分析基础上对 BD 公司的关键词拍卖机制设计问题的改进给出相关建议。童强（2011）在其硕士论文中研究了影响关键词广告位点击率的因素，通过数值实验发现关键词广告排位、关键词感情色彩、性别、广告类型都会影响点击率，并通过控制调整保留价，使搜索引擎获得最大收益。陈李钢（2011）在其博士论文中分别从两个角度对关键词广告进行研究：宏观方面，建立单个搜索引擎和多个搜索引擎的最优广告预算分配模型，给出不同环境与设置下的最优分配策略，并用数值模拟进行验证；微观方面，研究了广告主的关键词最优竞争策略，构建了在不同广告位上广告主的支付与利润函数，找出了广告主在单阶段与多阶段情况下的最优反应策略。研究结果弥补了相关研究的不足，不过在广告反应函数的设置方面还存在一定的局限性。欧海鹰（2011）在其博士论文中重点研究了网络广告的广告位置管理问题，构建了不同网络广告供应商平台的最优收益数学模型，分别考虑了单个广告位和多个广告位的情况，通过数值模拟手段进行对比分析，并对结果进行解释。李军（2012）在其博士论文中研究了关键词拍卖的若干问题，包括：动态博弈下的 GSP 机制的均衡报价策略，打折 GSP 机制的概念与特征，基于传统拍卖理论的广告位嵌入隐含成本的最优关键词拍卖机制研究。刁秀杰（2013）在其硕士论文中采用最优控制理论，将广告主拍卖过程看作整体，以分配预算占总预算的比例作为控制变量，基于三种不同机制构建带预算约束的跨搜索引擎的关键词拍卖模型，分析三种情况下的预算分配机制，并通过数值模拟验证最优分配策略的优势。林宏伟（2013）在其博士论文中研究了网络广告运作的相关问题，分析互联网媒体资源整合模式，建立多属性决策的混合数据指标网络媒体评价模型，并针对点击欺诈监管问题，建立了四种模型，分析模型的均衡条件，得出控制点击欺诈问题的条件。同时，使用最优化理论与方法，建立单周期投资模型。基于此模型，引入广告学习效应因子，建立双周期投资模型，并给出该模型中广告总投资的最大收益条件。于洪雷（2013）在其博士论文中研究了预算约束下的关键词拍卖机制，从长期角度构建完全信息下的静态拍卖模型，证明该拍卖机制拥有唯一的纯策略纳什均衡解。从短期角度构建不完全信息下的预算约束的动态 GSP 拍卖模型，达到均衡点时广告主的报价不低于静态模型的报价。作者还提出一种 B – Vickrey 机制，将其加入带预算约束的关键词拍卖模型中，证明广告主在新的改进机制下不会少报预算和估值且配置结果是帕累托最优的。何继伟（2015）在其博士论文中研究了关键词广告的拍卖机制设计问题，针对存在大量虚假广告的情况，提出了一种同时考虑广告主信誉度与用户体验的可信有效竞价拍卖机制，给出该机制下的对称纳什均衡定义，找到均衡策略并证明其有效性。作者还提出一种同时考虑广告主信誉度与用户福利的两阶段可信竞价拍卖机制，并证明改进机制有利于提高广告主信誉度，对搜索引擎长期均衡收益提高也有一定帮助。最后，从广告代理商角度研究广告主匹配度与广告匹配成本，设计了一个最优拍卖机制，并给出该机制激励相容的充要条件。

（七）关于关键词拍卖的综述类文献

一些学者也对关键词拍卖文献进行归纳总结，撰写出研究该问题的文献综述。陈李钢和祁巍（2011）等人首先对国内外关键词拍卖研究进展进行梳理总结，简要介绍了关键词广告的展示流程，并将相关文献分为从搜索引擎角度的研究、从广告主角度的研究以及关键词产生与搜索结果页面的研究三类，又分别对每类文献的研究问题、前提假设、建模方法及结论等进行总结与评价，全面回顾了关键词拍卖领域的研究状况。欧海鹰和吕廷杰（2011）回顾关键词拍卖的发展进程，分别从拍卖机制、广告主制定策略与点击欺诈三方面对文献进行了概述，对国内学者在该领域的工作进行了总结，并对未来的关键词拍卖研究进行了展望。李凯和邓智文等人（2014）对已有关于搜索引擎营销的文献分类总结，详细介绍了搜索引擎营销的概念与模式，从关键词广告和搜索引擎优化两个角度对已有文献进行回顾及评述，并在总结前人工作基础上展望未来搜索引擎营销的研究发展方向。

（八）带预算约束的关键词拍卖研究

之前章节回顾的关键词拍卖文献中大多数没有考虑预算约束，若加入预算约束的限制，就会影响广告主制定合理的报价策略。广告主每天的预算是事先制定的，预算制定后，广告主希望尽可能长时间展示自己的广告直到完全耗尽分配的全部预算。一旦广告预算耗尽，该广告主将无法继续参与下一轮关键词拍卖，待次日分配预算后再次参与竞价，以赢取广告展示机会。

带预算约束的关键词拍卖存在以下几点特征：①广告主 i 的支付价取决于单位时间广告点击量（即点击率）、单次点击价格以及广告展示时间三者的乘积。若广告主 i 的预算耗尽，则对应的关键词广告将立刻从搜索结果页面上撤下，而相邻后一位广告主 $i+1$ 将上升一位获得第 i 位，以此类推。②当支付规则为 GSP 机制时，广告主 i 的每次点击支付价等于后一位广告主 $i+1$ 的报价。广告主 $i+1$ 可以在不改变自身支付的前提下提高报价使广告主 i 尽快耗尽预算退出竞拍，以提高自身收益。而另一方面，广告主 i 也可以通过降低报价的手段影响广告主 $i+1$ 的广告展示时间，从而获取更多收益。③当支付规则为 VCG 机制时，广告主 i 的支付价格等于排在其后面的广告主的点击率与报价的线性组合。因此，类似于 GSP 机制，广告主可以提高或降低自身报价去影响其他参与竞价的广告主的广告展示时间，以提高自身收益。

带预算约束的关键词拍卖问题与传统关键词拍卖问题相

比，增加了广告主预算与参与拍卖的时间两个变量，广告主不仅需要对广告位进行报价，还必须制订预算计划。通常需要给出的是一整段时间内的预算，例如制定每日广告预算。某些拍卖系统还会帮助广告主报价，广告主只需报出预算，而不必给出每次点击报价。每位参与竞价的广告主都会进行预算分配，从开始参与竞拍的那一刻起计算预算使用情况。目前，带预算约束的关键词拍卖问题已受到广泛关注。下面将回顾国内外学者已取得的一些研究成果。

关于带预算约束的广告主如何分配广告预算及制定预算策略方面。在给定广告预算的情况下，Fruchter 等（2005）研究了动态分配资源的问题。对于两种类型门户网站（一般、专业）的预算分配过程，为使广告主能够长期获得最高的广告点击率，可以将其转化为最优控制问题，并使用动态规划手段，找到该最优预算决策的解析解。同时指出广告主最优入口预算取决于用户数量和平均点击率。实证结果显示，从长期来看，广告主必然会花费更多广告费在专业类型网站上。侯乃聪和沈向洋（2007）研究了关键词广告的预算分配的问题，构建了一个针对多关键词搜索的优化模型，并对该模型的目标函数、约束条件等方面进行优化处理，给出在关键词数量有限条件下的求解方法。不过不足之处在于对关键词数目有要求，并且计算结果精度有待提高。Chen 和 Li（2009）研究了广告主分配预算以获取最大投资回报的问题，针对广告主选择不同的搜索引擎以及预算如何分配在不同搜索引擎的问题，建立相关模型，包含搜索引擎的检索量、广告效果、转化率以及每次使用搜索引擎的平均收益等。通过检验最优解的必要条件，得出预算分配原理应遵循广告主的最终目标。此外，广告效果回应函数为

S类型，表明当预算较少时，广告主应集中于一家搜索引擎网站投放广告。Dasgupta 和 Muthukrishnan（2010）考虑广告主支付与点击组合的概率分布，研究了广告主如何为每个关键词分配预算以获取最大点击量的随机预算优化问题，建立适用于网络广告系统的情景模型，并结合二次规划的方法得到相关结论。Muthukrishnan 等（2010）研究了随机情况下的预算优化模型，前提是搜索引擎公司可以预测出未来用户检索的概率分布，并通过推导找到报价上界，算法结果得到一个简单策略，即对全部费用低的关键词报价是最优或近似最优的。杨彦武和王飞跃（2011）等人研究了关键词广告竞价周期中三个不同层次角度的预算分配与决策的过程。从跨搜索引擎（横向）和时间序列（纵向）两个角度研究广告预算分配优化问题，并使用数值仿真的方式进行验证。结果表明，使用预算分配策略模型可以提高关键词广告预算分配效率，广告主在同样预算下获取的收益更高。Yang 等（2013）研究了分层预算优化问题的原理，提出一种随机的风险约束预算策略，通过考虑单位成本点击量的随机因素以获取活动层面的一种不确定性。随机因素的不确定性将会导致市场或系统水平的风险。数值模拟结果显示，改进策略要优于其他策略，并且风险容忍度对最优预算解有很大的影响，高风险容忍度能够获得更多的预期收益。刘艳春和孙博文（2013）从最优化角度建立了广告主收益最大化的数学模型，模型考虑了广告主的预算分配策略问题，设置每个时间段的最大点击数，并对模型进行数值分析。结果显示，作者提出的最优预算分配模型可以提高广告主收益，而不同时段的有效点击率和平均点击价格均会对广告主收益产生影响。于洪雷和杨德礼等人（2014）研究了带预算约束的 GSP 机制下的单个关键词拍卖问题。根据广告主的预算分布和对关键词的估价情况，将广告主分成三种不同的类型，提出广告主投标的关键值和临界点，并构造了短期视角和长期视角的静态模型和动态模型。结果显示，在动态模型下，搜索引擎收益不低于静态模型下的收益。但是，该结论是广告主在硬预算约束条件下得出的，没有考虑软预算约束的情况。Zhang 等（2014）讨论了有效广告策略的报价和广告主每日预算的动态变化问题，将双重调整问题公式化为连续态（连续巩固学习框架中的离散决策过程）。考虑动态市场和付费搜索的特征，将该方法应用于决策模型，并用实际数据评估双重调整策略，结果显示该策略优于广告主单独调整每日预算或报价的策略。

关于对带预算约束广告主的广告位分配及竞争问题。Mehta 等（2005）引入了基于线性规划的算法研究搜索引擎广告位匹配问题，给广告主赋予权重，假设每日预算对于报价是足够大的。该算法可以使竞争对手的预算尽快耗尽，从而以较低价格获得广告位。Abrams 等（2008）研究了考虑广告主预算的关键词拍卖问题，主要包括检索频率预测、定价问题与排序设计等，并提出一个最优收益的线性规划模型，使用列生成法解决该问题。该方法很容易扩展到其他研究领域，如动态环境、实际考察中需要提高效率等。仿真结果显示，该模型在收益和效率方面有明显改进。Altarelli 等（2009）基于统计分析手段提出一种信息传递算法，能够有效解决带预算约束的广告位拍卖的最优分配问题，与其他已有算法进行比较，在真实最优值的近似与计算效率方面明显具有优势，并做出相位图，使用最优平均值测试算法的有效性。Hafalir 等（2009）研究了带预算约束的多个特征相同无差异关键词的拍卖问题，提出了一种新的拍卖机制（Sort－Cut 机制）进行广告位竞拍。在 Sort－Cut 机制中，广告主不能凭借隐瞒自身预算和保守报价获得收益，但是可以通过抬高估值获益。该研究结果提供的机制在仅有一个广告位出售时适用。Balseiro 等（2015）研究了带预算约束的广告位竞争问题，基于广告主与搜索引擎的博弈，构建广告交易模型，量化机制设计参数的影响，并提出易于计算处理的流动平均场均衡（Fluid Mean－Field Equilibrium，FMFE）概念，该均衡近似于广告主在市场中的行为。最后指出若模型不考虑预算，设置保留价会导致搜索引擎损失很大的利润。

关于带预算约束广告主的报价策略及均衡策略方面。Gummadi 等（2011）研究了带预算约束的广告主在 GSP 机制下的竞价问题，分析了广告主在重复的关键词拍卖序列中报价的情况，将该问题转化为折扣马尔科夫决策过程，并给出当广告主参与多次拍卖时的显式解。Chaitanya 和 Narahari（2012）研究了预算优化、报价优化以及报价稳定性问题，为解决广告主的报价策略问题，需要进行预算优化和报价优化，还要确保收敛到局部无嫉妒均衡，故提出一种线性规划最优解的贪婪策略（OPT Strategy），该策略可以最大化广告主的投资回报率，也可确保报价收敛到不同步情况和受限制同步情况下的局部无嫉妒均衡。最后给出一种改进策略（Max Strategy），广告主可以获得不低于 OPT 策略的效用且与 OPT 的均衡收敛性质一致。Cholette 等（2012）使用概率论的方法，研究了预算分配对关键词广告的影响，计算出单关键词问题中均衡报价的解析解，从数值角度检验了多关键词时的情况，并给出概率性预算约束的概念，允许广告主的支付超过其预算约束，对于搜索引擎平衡减小风险和增加预期收益有一定的帮助。Koh（2013）构建了 GSP 机制下带预算约束的静态关键词拍卖模型，定义了带预算约束的对称纳什均衡，使用该均衡条件分析广告主向上偏离与向下偏离收益的变化情况，并给出报价集达到带预算约束的对称纳什均衡时的广告主的预算阈值，最后针对两位广告主一个广告位且预算相等的模型，讨论了该模型的纳什均衡条件以及搜索引擎获得的收益。Arnon 等（2014）研究了在 GSP 机制下带预算约束的重复性报价的关键词拍卖问题，把广告主重复报价转化为单次博弈问题：广告主提交报价和预算，若预算耗尽则需退出拍卖过程；如果广告主保守报价（报价不超过估价），则存在一个纯策略纳什均衡，并展示了在两种特定情况（两个广告主与多个广告主预算相同）下，重复预算拍卖都会收敛到纳什均衡。Lu 等（2015）分析了带预算约束的广告主的均衡报价问题，广告主会制定策略耗尽高排位广告主的预算而获得广告位。当广告位竞争激烈时，广告主的利润会随着预算的减少而下降。当高排位广告主提高预算使得低排位的竞争对手无法耗尽他的预算时，低排位广告主会主动降低报价，从而导致搜索引擎的收益严格下降。

国内外学者对关键词拍卖问题已做出了大量卓有成效的工作，得到许多很好的理论结果。但是相对而言，学者们对带预算约束的关键词拍卖问题的研究还不是很多，尤其是国内这方面的相关文献很少，而且多数集中在 GSP 机制上，几乎没有对 VCG 机制展开研究，本书第五章将基于 VCG 机制对带预算约束的关键词拍卖问题进行研究，在广告主报价的均衡策略方面做进一步探索。

四、本章小结

本章根据本书整体结构的安排，首先介绍了拍卖的发展历程和拍卖的基础知识，其次介绍了关键词拍卖的起源与发展情况，最后对关键词拍卖的国内外相关文献进行分类梳理和评述，并将带预算约束的关键词拍卖文献进行重点说明和介绍，为后续的理论研究奠定基础。

第三章　关键词拍卖相关理论

本章中我们将对涉及带预算约束的关键词拍卖的相关概念和理论知识进行简要介绍，主要包含关键词拍卖的模型、博弈论、拍卖理论以及数理经济学中的相关内容。

一、非合作博弈理论中的基本概念

这部分将介绍本书中主要使用的博弈论相关知识，下列内容主要参考了张维迎（2004）、谢识予（2007）、Fudenberg 等（2010）。

定义 3.1　博弈论（Game Theory）又称对策论，是应用数学的一个分支，属于运筹学范畴。主要从数学角度研究决策主体间的行为产生相互作用时的决策以及该决策能否达到均衡的问题，并对博弈中的个体行为进行预测，研究下一步的策略。也就是说，在一次竞争行为中，一方面，某个主体的策略行为会影响其他决策主体选择时的决策问题及均衡问题；另一方面，他的决策选择也会受到其他决策主体的影响。因此，博弈论也称作“对策论”。

定义 3.2 参与人（Players）在博弈中独立决策、独立承担结果的个人或组织，是博弈中的决策主体，其主要目标是选择策略使自身效用最大化。通常情况下，参与人为自然人，也可以是企业、机构、国家等，或者是多个国家组成的集团，如欧盟、联合国、亚太经合组织（APEC）等。而本书中的参与人包括所有广告主、搜索引擎等。

博弈的根本特征是策略依存性。参与人数量越多，策略依存性越复杂，分析就越困难。因此，参与人数量是博弈结构的关键参数之一。根据参与人的数量，可以将博弈分为“单人博弈”“两人博弈”和“多人博弈”。

单人博弈，即只有一个参与人的博弈。单人博弈不存在其他参与人的反应和反作用，所以比较简单。实际上单人博弈已经退化为一般的最优化问题。对单人博弈来说，参与人拥有的信息越多，即对决策环境条件了解越多，决策准确性就越高，收益也越好。当参与人数量达到两个以上后，信息越多，收益越大的结论不一定成立。

两人博弈是两个各自独立决策，但策略和利益具有相互依存关系的参与人的决策问题。两人博弈是博弈问题中最常见，也是研究最多的博弈类型。例如囚徒困境、齐威王田忌赛马、猜硬币、石头剪刀布，日常生活中的棋牌、球类比赛，以及经济活动中两个厂商的竞争、谈判、兼收并购等大多都是两人博弈问题。下面简述两人博弈的关键特征。

第一，两人博弈的两个参与人之间并不总是相互对抗的，有时候也有两个参与人利益方向一致的情形。例如一家生产电视机的公司和一家生产 DVD 机的公司在采用制式问题上往往就有非对抗性的博弈。因为如果两个公司采用相同的制式，各自的机器可以相互匹配，会给双方带来产品互补性的利益，而如果两公司采用的制式不同，则双方都无法享有这些利益，因此这两个公司的利益是一致的，而不是对立的。

第二，在两人博弈中，掌握信息较多并不保证利益也较多。例如，信息较多的参与人常常更清楚过度竞争的危险。为了避免过度竞争导致两败俱伤，只能采取保守策略，从而也只能得到较少利益；相反，信息较少，对危险了解较少的参与人却可能因为不顾及后果而掌握主动，得到更多利益，这与现实生活中的许多现象吻合。

第三，个人追求最大自身利益的行为，常常并不能实现社会的最大利益，也常常不能真正实现个人自身的最大利益。囚徒困境就证实了这个结论，由于两个囚徒不能串通，并且各人都追求自己的最大利益而不会顾及同伙的利益，因此只能得到对他们都不理想的结果。

实际上，以上几个特性不仅是在两人博弈中存在，在两人以上的多人博弈中一般也是存在的，或者存在相关现象。

有三个或以上参与人参与的博弈称为“多人博弈”。多人博弈的基本性质与两人博弈相似，常常可以用研究两人博弈的思路和方法，或将两人博弈分析的相关结论推广到多人博弈。但是，有更多独立决策者的多人博弈的策略和利益依存关系必然更为复杂。例如，对三人博弈的一个参与人来说，其他两个参与人不仅会对自己的策略做出反应，他们相互之间也有反应，策略行为肯定更难预料。此外，三人以上博弈还可能存在

“破坏者”，也就是其策略选择对自身利益没有影响，却对其他参与人的收益有很大影响的参与人。

例如，三个城市争夺某一届奥运会的主办权，80 位国际奥委会委员参与投票，得票最多者获胜争得主办权。根据投票前的调查，估计三个城市得票数是：A 城市 33 票，B 城市 29 票，C 城市只有 18 票。如果三个城市都坚持参加竞争，则 A 将获胜。但是，如果 C 明知无望获胜主动退出竞争，情况就可能发生变化。因为 C 退出后，原本支持 C 的 18 名委员中只要有 11 人以上转而支持 B，最后获胜的将是 B 而不是 A。如果把参与奥运会主办权争夺的决策看作一个三人博弈，则城市 C 就是这个博弈的一个“破坏者”，它的选择对自己的利益没什么影响，却对另外两个参与人的利益有决定性影响。

破坏者的存在使得多人博弈的结果难以确定，因为破坏者的行为选择很难推理判断。这需要在分析多人博弈时应特别小心，注意是否存在这种破坏者。

定义 3.3 行动（Actions）是参与人在参与博弈过程中某个时刻的行为决策变量。在 n 人博弈中，n 个参与人的行动集 $a=(a_1, a_2, \ldots, a_i, \ldots, a_n)$ 称作一个行动组合。

定义 3.4 信息（Information）是参与人关于博弈的相关知识，尤其是有关“自然”的选择、其他参与人具备的特征和所做行为的知识。参与人不能准确知道的变量全体构成一个信息集。例如地产开发博弈中，甲不知道市场对房地产的需求，而乙知道，则甲的信息集为｛大，小｝，乙的信息集就为｛大｝或｛小｝。

定义 3.5 完美信息（Perfect Information）是指某位参与人能够准确了解其他所有参与人的行动选择，即每个信息集中只有一个元素。完美信息只适用于动态博弈，动态博弈中对博弈进程完全了解的参与人，称为具有“完美信息”的参与人。如果所有参与人都有完美信息，则称为“完美信息的动态博弈”。不完全了解全部博弈进程的参与人，称为“不完美信息”的参与人。如果至少存在一位此类参与人参与的动态博弈，则称为“不完美信息的动态博弈”。

各参与人是否具有完美信息，对决策行为和博弈结果有很大影响。不完美信息意味着决策行为必然有一定的盲目性，需要依靠推理判断进行决策。

定义 3.6 完全信息（Complete Information）是指自然不能率先行动或自然的初始行动已被所有博弈参与人准确观察到的情形，即博弈中不存在事先的不确定性。一般将各参与人完全了解所有参与人各种情况下收益的博弈称为“完全信息博弈”，而将至少部分参与人不完全了解其他参与人收益情况的博弈称为“不完全信息博弈”。不完全信息也意味着参与人收益信息方面的不对称性，因此不完全信息博弈也称为“不对称信息博弈”。不完全信息就是不完美信息，但是反之则不成立。

定义 3.7 共同知识（Common Knowledge）是指“所有参与人知道，所有参与人知道所有参与人知道，所有参与人知道所有参与人知道所有参与人知道……”的知识。

定义 3.8 策略（Strategy）是在给定信息集的情况下，参与人选择的行动规则。它决定了参与人应在什么时间采取何种行动。由于信息集中包含了某位参与人关于其余参与人之前行动的全部知识，策略则指导该参与人对其他参与人的行动做出相应的反应，故策略是博弈参与人的行动指导方案。

不同博弈中各参与人可选策略的数量是不同的。例如，囚徒困境和运输路线等博弈的参与人只有两种可选策略，在齐威王与田忌赛马中双方各有六种可选策略。关于产量决策的古诺模型，策略数目可以很大，如果产量连续可分时，理论上有无限多个可选策略。

同一个博弈的不同参与人之间可选策略的数量和内容也都可以不同。例如，A 和 B 洽谈一处产业交易，A 是买方，可在高、中、低三个价格中选一个出价，B 是卖方，可选择接受或不接受 A 的出价。这个博弈的买方有高、中、低价三个可选策略，而卖方则有接受、不接受两个可选策略，还可能出现部分参与人有有限种可选策略，另一些参与人有无限种可选策略的情况。例如，买方在一个连续价格区间中选择一个价格和卖方选择是否接受的博弈，就是一个无限种可选策略和两个可选策略之间的博弈。

一般地，如果一个博弈中每个参与人的策略数都是有限的，则称为“有限博弈”；如果一个博弈中至少有一个参与人的策略有无限多个，则称为“无限博弈”。在有限博弈中，比较常见的是数种策略、两三种可选策略的博弈。

因为有限博弈只有有限种可能的结果，理论上总可以用收益矩阵法、扩展形法或直接罗列法，将所有策略、结果及对应的收益列出；无限策略博弈一般只能用数集或函数式表示。因此，两类博弈的分析方法也存在差异。此外，策略有限和无限对均衡解的存在性也有影响。

定义 3.9 博弈过程（Game Process）是在许多博弈问题中，为了公平性，也为了使决策对抗更有意义，常常要求各参与人同时决策，例如齐威王田忌赛马。有些博弈虽然参与人决策时间不一致，但各参与人选择之前不允许知道其他参与人的策略，或者知道后也不能改变策略，仍然可以看作同时决策的，如古诺模型。所有参与人同时或可看作同时选择策略的博弈，称为“静态博弈”。

大量博弈中各参与人的选择和行动不仅有先后次序，而且后选择、后行动的参与人决策行为之前可以看到其他参与人的决策行为，甚至包括双方的交替选择和行动。这种博弈无论从哪种意义上都无法看作是同时决策的静态博弈，将其称为“动态博弈”或者“多阶段博弈”。

下棋对弈显然是一种动态博弈，因为它是两个参与人（对弈者）依次轮流按规则移动棋子的过程，而且在任意一方的每次行为之前都对此前的博弈过程完全清楚。经济活动中也有大量的动态博弈问题，例如商业谈判一般是你出价我还价的多回合较量，显然属于动态博弈问题。

动态博弈中参与人的决策行为有先后顺序，肯定有某种不对称性。先行为的参与人可能可以利用先行之利获利，后行者可能吃亏。但反过来，后行为参与人可根据先行为参与人的行为做出针对性选择，也有有利的一面。与参与人同时行为的静态博弈相比，动态博弈通常有不同的特点和结果。

还有一种与静态博弈和动态博弈都有密切关系的博弈，称为“重复博弈”，就是重复进行某个博弈构成的博弈过程。构成重复博弈的一次性博弈，也称为“原博弈”或“阶段博弈”。现实中重复博弈的例子很多，例如体育竞技中的多局制比赛、商业中的回头客问题、企业之间的长期合作或竞争等，都可以理解为重复博弈问题。

重复博弈的最少重复次数是两次，而许多重复博弈问题经过一定次数重复就会结束。例如，签有一定年数合作协议的两家企业，将每年双方选择维持还是破坏合作看作阶段博弈，就是一个以协议合作年数为重复次数的重复博弈。重复一定次数后肯定要结束的重复博弈，称为“有限次重复博弈”。

而并非所有重复博弈都有事先确定的重复次数，有些重复博弈似乎会无限重复下去，这样的重复博弈称为“无限次重复博弈”。例如，在一个长期稳定市场上相互竞争寡头之间的博弈就可以看作无限次重复博弈。当然根据唯物主义的观点，任何事物都有存在的极限，真正的无限次重复是不可能存在的，但只要各参与人认为重复博弈不会停止，没有可以预期的结束时间，他们的决策思路就会与无限重复博弈一致，就可以理解成无限次重复博弈。

重复博弈和一次性博弈有明显差异，无限次重复博弈和有限次重复博弈也有很大差别。在一次性博弈中，参与人只需要考虑眼前的利益，不存在“将来”利益，根据个体理性的最大收益原则，参与人都是不惜“欺骗”“伤害”其他参与人的。但如果博弈是重复的，参与人就可能在前面阶段试图合作，采取对大家来说都比较有利的策略，因为一旦发觉其他参与人不合作，就可能在以后阶段报复。因此，重复博弈可能实现更有效率的博弈结果。

多数情况下，不能把重复博弈割裂为一次一次的独立博弈进行分析，必须作为整体进行研究。重复博弈也是动态博弈，是一种特殊的动态博弈。由于多数重复博弈的原博弈是静态博弈，重复博弈与动态博弈和静态博弈都有关系，需要结合动态博弈和静态博弈的分析方法。

定义 3.10　收益（Payoffs）是指在博弈中一个特定策略组合下，参与人获得的确定效用水平或期望效用水平。收益可以是数量的利润、收入，也可以是量化的效用、社会福利等。博弈中的收益可以是负值，表示损失、失败或负效用等。将对应特定博弈结果（策略组合）的每个参与人收益相加，则可以得到一个总收益。总收益不仅有效率意义，而且可以反映参与人之间的关系，对参与人的行为和博弈分析等都会产生影响。

有些博弈不管结果是什么，总收益始终为 0，这种博弈称为“零和博弈”。这种类型的博弈问题实际上很普遍，齐威王田忌赛马是零和博弈，象棋博弈和其他各种赌胜博彩也是零和博弈。零和博弈在经济活动、法律诉讼中也相当普遍。零和博弈意味着一方的收益必定是另一方的损失，参与人之间收益始终对立。零和博弈在均衡解和存在条件方面有特定的性质，是早期博弈论的重要研究领域之一。

有些博弈不管参与人如何博弈，总收益始终为某一非零常数，这种博弈称为“常和博弈”。常和博弈也是很普遍的博弈类型，如几个人分配固定数额奖金、财产或利润的讨价还价就是这种博弈问题。常和博弈可以看作零和博弈的扩展，零和博弈可以看作常和博弈的特例。与零和博弈一样，常和博弈中参与人之间对立性也比较强，参与人之间的基本关系也是竞争关系，分析方法也是相似的。

更多博弈问题中，博弈结果不同，总收益也不同，这样的博弈可以称为“变和博弈”。变和博弈是一种更一般的博弈类型，囚徒困境和产量决策的古诺模型都属于变和博弈。变和博弈意味着存在参与人之间相互协调争取较大总收益和个人收益的可能性。这种博弈的结果可以从总收益角度分为“有效率”“无效率”“低效率”，对它们进行效率评价。

定义 3.11 结果（Outcome）是指博弈参与人（分析者）所感兴趣并要探究的所有可能的要素组合，包括均衡策略组合、均衡行动组合、均衡收益组合等。

定义 3.12 博弈分类（Game Classification）即在博弈特征分析基础上，可以进一步对博弈和博弈理论进行归纳分类。根据参与人的数量，可将博弈分为单人博弈、双人博弈和多人博弈；根据参与人策略的数量，可分为有限博弈和无限博弈；根据博弈中的收益情况，可分为零和博弈、常和博弈和变和博弈；根据博弈过程，可分为静态博弈、动态博弈和重复博弈；根据信息结构，可分为完全信息博弈和不完全信息博弈，以及完美信息动态博弈和不完美信息动态博弈；根据参与人的理性程度，可以分为完全理性博弈和有限理性博弈；根据博弈方式差别，可以分为非合作博弈和合作博弈。这些博弈分类有重要的意义，因为博弈结构的这些差异对博弈过程、博弈结果和博弈分析都有非常重要的影响。

定义 3.13 均衡（Equilibrium）是行为主体间相互作用的一种结果，在该结果下无人能通过改变自身的行为谋取更多利益。均衡也可理解为是所有参与者的最优战略组合。记为 $s^* = (s_1^*, s_2^*, \ldots, s_i^*, \ldots, s_n^*)$，其中 s_i^* 是第 i 个参与人在均衡状态下的最优策略，它表示参与人 i 的所有可选的策略中使 u_i 或 Eu_i 达到最大化的策略。

定义 3.14 纳什均衡（Nash Equilibrium，NE）也被称作非合作博弈均衡，以 1994 年诺贝尔经济学奖得主、普林斯顿大学数学系教授约翰·福布斯·纳什的名字命名，是现代博弈论中最为重要的理论之一。1948 年，年仅 20 岁的约翰·纳什获得高额奖学金进入普林斯顿大学攻读数学博士学位，1950 年，22 岁的纳什完成仅有 27 页的博士论文《非合作博弈》，并顺利毕业，该论文彻底地改变了人们之前对于竞争与市场的看法。随后在此研究基础上完成并发表了《n 人博弈中的均衡点》（1950）和《非合作博弈》（1951）两篇论文。在上述论文中，纳什分析了合作博弈与非合作博弈的区别。对于非合作博弈，他最重要的贡献是阐述了包含任意人数局中人与任意偏好的一种均衡解的概念，即不仅仅局限在两人的零和博弈，而这个均衡解就是著名的纳什均衡。同时这个理论揭示了博弈均衡与经济均衡的内在联系。纳什教授的研究奠定了现代非合作博弈论的基石，后来的博弈论研究基本上都依此展开。纳什均衡可以广泛应用在经济学、管理学、社会学、政治学以及军事科学等诸多领域。例如：军备竞赛、价格战、环境污染等，本质上都可以归结为纳什均衡问题。

纳什均衡的概念如下：假设博弈中有 n 个参与人，在某种状态下，如果没有任何参与人可以单独行动而使自身效用增加（即从最大化自身效用角度考虑，不存在任何单独的个体有动机改变自身策略），也就是说，仅单独改变策略不会使任何一个参与人得到好处。纳什均衡是一个策略组合，关键在于当其他参与人不改变博弈策略时，没有人会主动改变自己的策略。从本质上讲，纳什均衡是一种非合作博弈状态。

不过，达到纳什均衡并不表示博弈双方都是完全静止不动的。顺序博弈中的纳什均衡就是在参与人的连续动作与反应中达到的。最优策略能够达到纳什均衡，但是纳什均衡不意味着博弈参与方都处于整体最优状态。弱劣势策略与弱优势策略都有可能达到纳什均衡，而严格劣势策略无法成为最优策略。一个博弈中可能不存在纳什均衡，也可能存在一个或多个纳什均衡，例如著名博弈论案例——囚徒困境中仅存在一个纳什均衡。理论上，纳什均衡是完全信息下静态博弈解的一般概念。满足纳什均衡的策略必须是重复剔除严格劣策略过程中不能被剔除的策略，即此时不存在一个策略严格优于纳什均衡策略，反之不一定成立。而博弈中不存在重复剔除占优策略均衡或占优策略均衡，可以存在纳什均衡。

定义 3.15　占优策略均衡（Dominant Strategy Equilibrium），即无论其他参与人采取何种策略，本方都有唯一的最优策略，不会随着其他情况不同而改变。在博弈中，所有参与人的占优策略组成的均衡即为占优策略均衡。因此，占优策略均衡一定是纳什均衡，但是纳什均衡并不一定是占优策略均衡。

在囚徒困境模型中，无论囚徒 B 坦白与否，囚徒 A 的最优选择都是坦白；而对于囚徒 B 来说，无论囚徒 A 坦白与否，他的最优策略也是坦白。因此，（坦白，坦白）是策略组合的占优策略均衡，同时这一组合也是纳什均衡。因为一位参与者的占优策略也是对其他参与者任何设定策略的最优选择。

定义 3.16　严格占优策略均衡（Strictly Dominant Strategy

Equilibrium)，即无论其他参与人采用何种策略，本方选择策略的回报严格大于其他策略的回报。在博弈中，所有参与人都采用严格占优策略所构成的均衡是严格占优策略均衡。

定义 3.17 弱占优策略均衡（Weakly Dominant Strategy Equilibrium），即无论其他参与人采取何种策略，本方选择的策略回报都大于等于其他策略的回报。在博弈中，所有参与人都选择弱占优策略构成的均衡就是弱占优策略均衡。

定义 3.18 重复剔除的占优均衡（Iterated Dominance Equilibrium），即在一个策略组合中，找出某位参与人的劣策略，从策略组合中剔除掉该策略，形成一个不包含已剔除策略的新博弈组合；然后剔除掉该新博弈中的某位参与者的劣策略，一直重复此过程，直到剩下唯一的策略组合为止。这个唯一的策略组合就是该博弈的重复剔除的占优均衡，则该博弈是重复剔除占优可解（Dominancc Solvablc）的。

定义 3.19 纯策略纳什均衡（Pure Strategy Nash Equilibrium），即假设有 n 位参与者进行博弈 $G=\{S_1, S_2, \ldots, S_n; u_1, u_2, \ldots, u_n\}$，对每一位参与者 i，当其他人选择的策略向量 $(s_1{}^*, \ldots, s_{i-1}{}^*, s_i{}^*, \ldots, s_n{}^*)$ 不变时，$s_i{}^*$ 始终是第 i 个参与者的占优策略，即

$$u(s_i^*, s_{-i}^*) \geqslant u(s_i, s_{-i}^*), \forall s_i \in S_i$$

则策略向量 $s^*=(s_1{}^*, s_2{}^*, \ldots, s_n{}^*)$ 是博弈 G 的一个纯策略纳什均衡。

二、关键词拍卖基本假设及概念

本节内容主要介绍本书中涉及的关键词拍卖的基本概念与

理论。具体的关键词拍卖理论可以参考 Edelman 等（2007），Varian（2007），刘树林和戎文晋（2010）以及 Fukuda 等（2013）。

（一）关键词拍卖中的基本假设

搜索引擎用户在搜索栏中输入需要检索的关键词并点击检索后，搜索引擎会立即对与该关键词相关的所有广告主的报价拍卖，并随自然搜索结果一起，将获胜的广告主的广告链接按次序展示在相应的广告位上，该过程在用户点击搜索后瞬间（0.001s 内）完成。通常关键词拍卖的假设如下：

（1）假设有 n 位广告主参与拍卖，其中 $i=1, 2, \ldots, n$，表示参与博弈的广告主集合。

（2）假设搜索结果页面上可供展示广告的广告位有 s 个，其中 j = 1，2，…，s，表示所有广告位的集合。

（3）用 c_{ij} 表示广告主 i 的广告在广告位 j 获得的点击率，本书假设点击率只依赖于位置，即

$$c_{1j} = c_{2j} = \ldots = c_{ij} = \ldots = c_{nj} = c_j \geqslant 0, j = 1,2,\ldots,s.$$

由于用户从上到下的浏览习惯，广告位越靠前，用户点击概率越高，所以假设点击率满足

$$c_1 > c_2 > \ldots > c_j > \ldots > c_s \geqslant 0.$$

严格来说，广告位点击率 = 点击量/浏览数（CTR = Clicks/Page View）。很多文献为了简便，将点击率等同于点击量，本书也沿用这个假设，两个概念不做严格区分。

（4）用户点击关键词广告对广告主产生的一定价值称为点

击估价，简称为估价。广告主 i 的估价为 v_i，$i=1, 2, \ldots, n$。本书假设每位广告主的估价是相互独立的。

（5）点击价格是指广告主的广告被用户点击后需要支付的实际费用。点击报价是指广告主愿意为某个关键词点击支付的最高价格。广告主 i 的报价为 b_i，广告主 $d(k)$ 表示报价排序在第 k 位，在广告位 k 的单次预期支付价格为 p_k，其中 $i=1, 2, \ldots, n$，$k=1, 2, \ldots, s$。

（6）理性人是指在给定的约束条件下最大化自己偏好的决策者。假设参与拍卖的广告主都是理性人，并且广告主参与竞价的支付不会高于报价，即 $p_i \leqslant b_i$。

（二）关键词拍卖中的基本概念

定义 3.20　纳什均衡（Nash Equilibrium，NE），当其他广告主报价不变，任意广告主改变报价无法获利，对于任意的 l, j 有

$$c_j(v_{d(j)} - p_j) \geqslant c_l(v_{d(j)} - p_l), \forall l > j \tag{3.1}$$

$$c_j(v_{d(j)} - p_j) \geqslant c_l(v_{d(j)} - p_{l-1}), \forall l < j \tag{3.2}$$

其中 p_j 表示广告主 $d(j)$ 在广告位 j 的单次预期支付，$j=1, 2, \ldots, s$，下同。

定义 3.21　对称纳什均衡（Symmetric Nash Equilibrium，SNE）：当其他广告主报价不变，任意广告主不能通过偏离到其他广告位并支付在该位置的价格而获利，对于任意的 l, j 有

$$c_j(v_{d(j)} - p_j) \geqslant c_l(v_{d(j)} - p_l), \forall j, l \tag{3.3}$$

当采用 GSP 机制时，广告主 j 获得广告位 j 时，他的支付 $p_j = b_{j+1}$，则广告主 j 的报价上界 b_j^U 满足

$$c_{j-1}b_j^U = (c_{j-1} - c_j)v_{d(j-1)} + c_j b_{j+1}^U \tag{3.4}$$

而广告主 j 报价下界 b_j^L 满足

$$c_{j-1}b_j^L = (c_{j-1} - c_j)v_{d(j)} + c_j b_{j+1}^L \tag{3.5}$$

由递推公式（3.4）可得广告主 j 的报价上界 b_j^U 满足

$$c_{j-1}b_j^U = \sum_{k=j}^{s+1}(c_{k-1} - c_k)v_{d(k-1)} \tag{3.6}$$

由递推公式（3.5）可得广告主 j 的报价下界 b_j^L 满足

$$c_{j-1}b_j^L = \sum_{k=j}^{s}(c_{k-1} - c_k)v_{d(k)} \tag{3.7}$$

定义 3.22　局部无嫉妒均衡（A Locally Envy－Free Equilibrium）：对于一个报价向量 b，任意一位广告主 j 不能通过与相邻的前一位广告主交换广告位而提高收益，其中 $j=2, \ldots, n$，即

$$c_j(v_{d(j)} - p_j) \geqslant c_{j-1}(v_{d(j)} - p_{j-1}) \tag{3.8}$$

而且广告主 j 也不能与相邻的后一位广告主交换广告位而提高收益，其中 $j=1, \ldots, n-1$，即

$$c_j(v_{d(j)} - p_j) \geqslant c_{j+1}(v_{d(j)} - p_{j+1}) \tag{3.9}$$

则该均衡状态称为局部无嫉妒均衡。此时的报价向量为局部无嫉妒均衡报价。

定义 3.23　全局无嫉妒均衡（A Globally Envy－Free Equilibrium）：对于任意的广告主无法通过与其他任何一位广告主交换位置来提高收益，即对任意广告主 j 与广告主 s，满足下式：

$$c_j(v_{d(j)} - p_j) \geqslant c_s(v_{d(j)} - p_s), \forall j,s \tag{3.10}$$

则该均衡状态称为全局无嫉妒均衡。此时的报价向量为全局无嫉妒均衡报价。

根据上述定义可以证明，在关键词拍卖中，全局无嫉妒均衡与局部无嫉妒均衡是等价的。

定义 3.24 关键词拍卖机制（Keyword Auction Mechanism）：搜索引擎网站所采用的为广告主投放的关键词广告分配广告位，并且确定广告主占据该广告位应支付的费用的规则。关键词拍卖机制中包含分配规则与支付规则。

定义 3.25 保留价（Reserve Price）：拍卖商在拍卖前提出的拍卖成交价应达到的一个固定价格，若所有参与人的最高报价小于保留价时，交易无法完成，拍卖人有权撤回拍卖标的。在关键词拍卖中，搜索引擎网站设置广告位的保留价，如果获胜广告主的支付价格小于保留价时，根据规则可知，最终支付价就等于该值。保留价一般用 r 表示。

三、三种常见的关键词拍卖机制

（一）GFP 机制

GFP 机制即广义第一价格拍卖机制。假设有 n 个广告主，s 个广告位，将此 s 个广告位按照广告主报价高低降序排列，即

$$b_1 > b_2 > \dots > b_{j-k} > b_{j-k+1} > \dots > b_{j-1} > b_j > b_{j+1} > \dots > b_s$$

假设广告主 j 获得第 j 个广告位，则其支付价等于自身报价 b_j，即

$$p_i = b_i,\ i = 1,\ 2,\ \dots,\ s.$$

在 GFP 机制的环境下，广告主的报价不稳定，他们会随

时改变自身报价保证自身利益，其他广告主通过调整价格参与竞争，从而造成较大幅度的价格波动，造成拍卖效率的损失。下面举例说明 GFP 机制的价格波动性。

例 3.1　假设有 2 个广告位（从高到低用 1 和 2 表示）和 3 个广告主（分别用 A、B 和 C 表示），广告位每小时可获得的平均点击量与广告主对每次点击的平均收益如下表 3.1 与表 3.2 所示。

表 3.1　广告位每小时可获得的平均点击量

广告位	每小时可获得的平均点击量/次
1	200
2	100

表 3.2　广告主对每次点击获得的平均收益

广告主	每次点击获得的平均收益/元
A	10
B	4
C	2

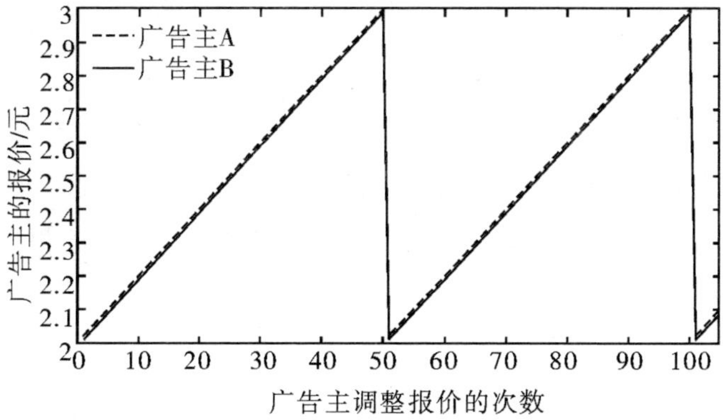

图 3.1　一阶价格下广告主报价的波动性

假设广告主 B 报价为 2.01 元，能够保证他获得一个广告位，则广告主 A 的报价不会超过 2.02 元。这时广告主 B 就会调整自己的报价，因为他发现报价为 2.01 时的收益［获得广告位 2，此情形下其收益为 100 ×（4 − 2.01）= 199］要小于报价为 2.03 时的收益［获得广告位 1，此情形下其收益为 200 ×（4 − 2.03）= 394］。同理，广告主 A 也很快会将报价调整至 2.04 元。这就形成了图 3.1 中广告主 A 与的两条周期性往复变化的报价调整轨迹。

那么，广告主的报价为什么又突然从高处跌落下来？与以上的计算过程类似，一个以预期收益最大化为目标的广告主会发现，参与价格战的预期收益小于退出价格战，并报出较低价格的预期收益。因此，广告主会在某一时刻降低报价，然后开始新一轮的价格竞争，这就形成了价格的波动。

（二）GSP 机制

GSP 机制可以简要描述如下：对于某一个确定的关键词，有 n 个广告主竞争 s 个广告位，按照广告主报价高低，降序进行排列，即

$$b_1 > b_2 > \ldots > b_{j-k} > b_{j-k+1} > \ldots > b_{j-1} > b_j > b_{j+1} > \ldots > b_s$$

广告主的支付为获得该广告位的最小出价①。假设广告主 i 获得广告位 i，则他的支付价等于相邻后一位的广告主的报价，即

① 在实际的 GSP 机制中，广告主为保住当前广告位，会在最小出价上加一个最小货币单位（通常为 0.01 元），很多文献都对此进行忽略，本书也不考虑该价格，这不影响后文的结论。

$$p_i = b_{i+1}, \ i = 1, 2, \ldots, s$$

依照广告主的报价大小，由高到低依次分配广告位，如果有多位广告主报价相同，则他们的广告会随机进行排列。这就是最常见的单纯竞价排名规则。

例 3.2 在例 3.1 中，当三个广告主分别按照自己对每次点击的平均收益（10，4，2）来报价（以下称之为“说真话”）时，广告主 A 和 B 分别获得第一个和第二个广告位，而他们分别为每次点击的支付是 4.01 元和 2.01 元。在这种环境和广告主理性的假设下，每个广告主都没有动机去改变现有的报价决策。所以在这个例子中，说真话是一个均衡。当然，马上我们会看到说真话并不是一般 GSP 模式的均衡。即使在这个例子中，说真话也不是唯一的均衡状态，比如，三个广告主分别报价为 5 元、3 元和 2 元也是一个均衡。但是与 GFP 模式相比，GSP 模式毕竟存在着纳什均衡状态，从而有效减少了广告主报价的波动性，同时也易于被广告主接受。

（三）VCG 机制

VCG 机制同样依照广告主的报价从高到低依次排列，对应的广告分配到相应的广告位。

排在第 j 位的广告主 j 的支付等于他的参与带给其余广告主的社会福利的总损失。

广告主 j 参与拍卖时，其余广告主的社会福利为

$$\pi_1 = c_1 b_1 + c_2 b_2 + \ldots + c_{j-1} b_{j-1} + c_{j+1} b_{j+1} + c_{j+2} b_{j+2} + \ldots + c_s b_s \tag{3.11}$$

广告主j不参与拍卖时，其余广告主的社会福利为

$$\pi_2 = c_1 b_1 + c_2 b_2 + \ldots + c_{j-1} b_{j-1} + c_j b_{j+1} + c_{j+1} b_{j+2} + \ldots + c_s b_{s+1} \tag{3.12}$$

定义 3.26　在静态环境下，VCG 机制的支付函数为

$$p_j^V(b) = [\sum_{k=1}^{j-1} c_k b_k + \sum_{k=j+1}^{s+1} c_{i-1} b_i] - [\sum_{k=1}^{j-1} c_k b_k + \sum_{k=j+1}^{s} c_k b_k]$$

化简后可得

$$p_j^V(b) = \pi_2 - \pi_1 = (c_j - c_{j+1}) b_{j+1} + p_{j+1}^V(b) = \sum_{k=j}^{s} (c_k - c_{k+1}) b_{k+1} \tag{3.13}$$

由式（3.13）可知，广告主j参与拍卖与否对其余广告主造成的福利损失等于广告主j的支付。

例 3.3　在例 3.1 中，假设三个广告主的报价分别是 10 元、4 元和 2 元，即说真话，则广告主 A 和 B 分别获得第一个和第二个广告位，广告主 C 没有获得任何广告位。在 GSP 机制下，广告主 A 的支付是次高报价，即 4 元；而在 VCG 机制下，广告主 A 的支付为 3 元，其计算过程如下：

第 1 步，当广告主 A 不参与拍卖时，广告主 B 和 C 获得的社会总效用是 200 × 4 + 100 × 2 = 1000 元。

第 2 步，当广告主 A 参与拍卖时，广告主 B 和 C 获得的社会总效用是 100 × 4 + 0 × 2 = 400 元。

第 3 步，广告主 A 造成的效率损失是 400 + 600 = 1000 元。

第 4 步，所以广告主 A 为每一次点击支付的是 600 ÷ 200 = 3 元。

同理，广告主 B 不会对广告主 A 造成外部性效率损失，

他给广告主 C 造成的效率损失是 $100\times2=200$ 元，所以广告主 B 每次点击支付的是 $200\div100=2$ 元，这与 GSP 拍卖是相同的。

定理 3.1 在 VCG 机制中，广告主说真话（报出自己的真实估价）是一个占优策略。

证明：假设广告主 S 的估价为 v_S，他的报价为 $b_S=v_S$，并且他排在第 r 位，其他广告主依次排序，下面证明广告主 S 撒谎不会获利。

假设广告主 S 说真话时，收益不是最大。令 t 为距离第 r 位最近的收益最大的广告位。若 $t>r$，当广告主 S 在第 t 位时，报价排序为

$$b_1>b_2>\ldots>b_{r-1}>b_{r+1}>\ldots>b_t>b_S'>b_{t+1}>\ldots>b_M$$

假设广告主 S 与前一位广告主交换，报价排序变为

$$b_1>b_2>\ldots>b_{r-1}>b_{r+1}>\ldots>b_{t-1}>b_S''>b_t>b_{t+1}>\ldots>b_M$$

则广告主 S 的收益变化为

$$\begin{aligned}
&c_{t-1}v_S-p_{t-1}-(c_tv_S-p_t)\\
=&(c_{t-1}-c_t)v_S-(c_{t-1}-c_t)b_t\\
=&(c_{t-1}-c_t)(v_S-b_t)\\
=&(c_{t-1}-c_t)(b_S-b_t)>0
\end{aligned}\tag{3.14}$$

其中 $p_{t-1}=\sum_{k=t-1}^{M}(c_k-c_{k+1})b_{k+1}$，而 $p_t=\sum_{k=t}^{M}(c_k-c_{k+1})b_{k+1}$。式（3.14）表明广告主 S 在第 $t-1$ 位的收益大于在第 t 位的收益，这与第 t 位为离第 r 位最近的收益最大广告位矛盾。

若 $t<r$，当广告主 S 在第 t 位时，报价排序为

$$b_1>b_2>\ldots>b_{t-1}>b_S'>b_t>\ldots>b_{r-1}>b_{r+1}>\ldots>b_M$$

假设广告主 S 与后一位广告主交换，报价排序变为

$b_1 > b_2 > \ldots > b_t > b_S'' > b_{t+1} > \ldots > b_{r-1} > b_{r+1} > \ldots > b_M$

则其收益的变化为

$$\begin{aligned} & c_{t+1}v_S - p_{t+1} - (c_t v_S - p_t) \\ = & (c_{t+1} - c_t) v_S - (c_{t+1} - c_t) b_t \\ = & (c_{t+1} - c_t)(v_S - b_t) \\ = & (c_{t+1} - c_t)(b_S - b_t) > 0 \end{aligned} \tag{3.15}$$

其中 $p_{t+1} = \sum_{k=t+1}^{r-1}(c_k - c_{k+1})b_k + \sum_{k=r}^{M-1}(c_k - c_{k+1})b_{k+1}$，$p_t = \sum_{k=t}^{r-1}(c_k - c_{k+1})b_k + \sum_{k=r}^{M-1}(c_k - c_{k+1})b_{k+1}$。式（3.15）表明广告主 S 在第 $t+1$ 位的收益大于在第 t 位的收益，显然第 $t+1$ 位距离第 r 位更近，与假设矛盾。

所以广告主在原位时收益最大，即 $b_S = v_S$ 为最优策略，得证。

在 VCG 机制下，广告主说真话是一个占优策略。但是搜索引擎大多采用 GSP 机制的原因有：①开始设计系统时采用 GSP 机制，转变成 VCG 机制需要投入大量费用和时间进行系统实现和测试；②VCG 机制的计费方式相比 GSP 机制要复杂，会给非专业广告主理解该机制原理造成一定的困难，不容易进行推广，而 GSP 机制更容易解释；③广告主报价相同时，搜索引擎在 GSP 机制下获得的收益不低于 VCG 机制。因此，VCG 机制在实际中应用较少，比较知名的仅有 Facebook 的广告拍卖系统。

四、报复性报价

“反社会”报价是指广告主以减少竞争对手的效用为自身目标之一。尤其是在广义第二价格拍卖中，低报价者可以在不改变自己效用的条件下使竞争对手的效用降低。对于两个广告主参与的 GSP 拍卖模型中，当一个广告主的报价（大于均衡报价）过高，则他的竞争对手只需比他少报 ε（ε 为最低货币支付单位)，就使得他在第一个广告位上获得的效用不如在第二个广告位获得的效用大。此外，如果广告主的报价太低（小于均衡报价)，则当他的竞争对手报价高于他的报价而略低于均衡报价时，他也会失去获得第一个广告位的机会。这种“反社会”报价行为就是关键词拍卖中常见的报复性报价。

在 GSP 支付模式下，当竞争对手的报价处于一个较高水平时，广告主的最优策略是 r 策略，即报出一个最低可能价。这是广告主完全根据自己预期效用的变化做出的决策，但是这样的均衡不是唯一的。在上述情形下，广告主的报价为 $r+\varepsilon$（ε 为最低货币支付单位）也是一个均衡。这不会使广告主自己的预期效用发生什么变化，却使竞争对手的支付增加，从而减少了他的预期效用。如果考虑到这一点，广告主就会使 ε 尽可能的大，以最大限度地减少竞争对手的预期效用，这就是报复性报价。

广告主的报复性报价在搜索引擎的广告实践中是很常见的。根据 Overture 公开的数据，广告主报价之间的差距小于

0.01 美元的情况超过 30%[①]。

为什么广告主会采用报复性报价呢？一般来讲，广告主常常有广告预算的限制，单位成本的提高将会更快地使其消耗尽预算，从而退出拍卖。这使得采取报复性报价的广告主能够以较低的成本获得更高的效用。实际上，采取报复性报价的广告主仍是以自己的预期效用为目标，不过不是单次博弈的输赢，甚至也不以关键词拍卖博弈的输赢效用为目标，而有可能是博弈之外的博弈。这种效用的增加不仅体现在广告费用的减少上，更重要的是体现在对垄断搜索流量所带来的收益上。下面先用一个数值例子说明报复性报价。

例 3.4 假设有两个广告主参与竞争两个广告位，他们的真实估价分别为 $v_1=1$，$v_2=0.5$，两个广告位的点击率为 $c_1=1$，$c_2=0.5$，广告本身对点击率的影响相同。假设搜索引擎的保留价 $r=0.1$，则广告主的报价向量 $(b_1, b_2)=(1.0, 0.5)$ 形成一个纯策略纳什均衡。这是因为在当前状态下，如果竞争对手不改变报价，没有任何一个广告主能够通过改变报价来增加自身收益，所以两个广告主都不会改变报价。如果广告主都采取报复性策略，情况将会发生变化。广告主 2 将有动机提高自己的报价至 0.99，从而逼迫广告主 1 每单位点击的支付上升至 0.99，这样广告主 1 的单次点击效用从 0.5 下降到 0.01

① Zhou Y, Lukose R M. "Vindictive bidding in keyword auctions", *Proceedings of the 9th International Conference on Electronic Commerce: The Wireless World of Electronic Commerce*, University of Minnesota, Minneapolis, MN, USA, August, 2007: 19-22.

（=1 - 0.99）。广告主1自然不会善罢甘休，他将马上给予还击，报价0.98，这时广告主2的单次点击的预期效用就会从0.2［=0.5×（0.5-0.1）］下降为负值［=1×（0.5-0.98）］。因此，这与价格战类似，只是这次广告主的价格是降低的，双方交替往下报价直到某个稳定状态，如（b_1，b_2）=（0.56，0.55）。这时双方收益恢复到此前的纯策略纳什均衡水平。

当广告主存在报复性报价行为时，传统的纳什均衡是不稳定的。因为采取报复性策略的广告主总是尽可能提升自己的报价，以至刚好处在上一位广告主报价的下方，从而增加竞争对手的支付。反过来，这个被对手伤害的广告主的最优反应将不再是保持原有的报价，而是把报价调整至刚才那个广告主报价的下方。这会导致两个广告主多轮交替互换，直至达到另外一个均衡。类似于例3.1中的价格波动现象。

五、广告位拍卖的利益相关方及其目标和策略选择

对于关键词拍卖广告位中，三个利益相关方（广告主、搜索引擎和用户）的目标及策略如下表3.3所示。

表3.3　广告位拍卖的利益相关方及其目标和策略选择

参与方	目标	策略
广告主	实现自身收益最大化（投资回报率） 成交量最大 广告展示量最大（推广品牌）	预算约束大小 对不同关键词的预算分配 报价水平

续表

参与方	目标	策略
搜索引擎	用户体验 获得收益最大 广告位点击量最大	广告位数量 拍卖机制 广告主排名规则 拍卖支付机制 保留价
用户	有用的信息 关键词广告与搜索结果的相关程度 搜索用户体验最优 广告信誉度最优	在不同搜索引擎间选择 是否点击关键词链接

六、本章小结

本章对本书中所涉及的相关基本知识和概念进行了简要介绍，其中包括博弈论、拍卖理论、关键词拍卖理论等方面的知识，并对三种关键词拍卖机制做了阐述，以便于对后续章节的理解。

第四章　基于纳什均衡的带预算约束的广告主均衡报价研究

本章基于 Varian（2007）提出的纳什均衡模型对参与关键词拍卖的广告主的报价策略问题进行研究，并在此基础上提出带预算约束的纳什均衡概念，进行相应的理论分析。通过理论推导和数值检验等手段给出纳什均衡报价的上下界，分析了广告主报价向上偏离、向下偏离以及达到带预算约束的纳什均衡状态的条件。这为广告主参与关键词拍卖制定合理的预算及报价策略起到一定帮助。

一、引言

随着科技与互联网技术的高速发展，截至 2019 年 6 月 30 日，全球网民数量已达到 44.22 亿人，约占全球人口的 58.3%，创历史新纪录。[①] 其中，我国互联网用户规模已达到

---

① 《全球网民数量创新高：中国手机网民 8.17 亿，互联网普及率近六成》，http：//www.enet.com.cn/article/2019/0718/A20190718 949926.html，访问日期：2019 年 7 月 18 日。

8.54 亿人，已超过整个欧洲人口总量（7.44 亿人），稳居世界第一，较 2018 年底新增网民数量约为 2598 万人，互联网普及率为 61.2%，比 2018 年底提高 1.6%，预计 2019 年底我国网民数量将达到 8.81 亿人，互联网普及率将高达 62.9%[①]。我们处在这个信息膨胀的时代，由此导致的知识混淆、信息重复以及大量虚假无用信息的出现，致使广大互联网用户迫切希望获取精准有效的信息。而在线搜索服务作为获取信息的手段之一，对网民的重要性也在逐步提高。搜索引擎网站的主要盈利模式为在线广告营销，其中关键词广告作为搜索引擎向用户投放广告的关键途径，重要性不言而喻。

之前的学者关于关键词拍卖的研究几乎不考虑广告主带预算约束的情况。其中较为权威的文献是由 Varian（2007）与 Edelman（2007）分别做出的。Varian（2007）研究完全信息下静态博弈的问题，给出在 GSP 机制下关键词拍卖模型的纳什均衡和对称纳什均衡的定义，在均衡条件下，广告主不会改变报价去获取其他广告位。Varian 还分析了 SNE 的许多性质，给出在 SNE 下广告主的报价范围与上下界，并得到搜索引擎在 SNE 的收益下界等于在 VCG 机制下的收益的结论。Edelman 等（2007）提出局部无嫉妒均衡的概念，证明局部无嫉妒均衡与对称纳什均衡是等价的，指出广义英式拍卖的完美贝叶斯均衡的排序结果和广告主支付与 VCG 机制的占优策略均衡完全一

① 中国互联网络信息中心，《第 44 次〈中国互联网络发展状况统计报告〉》，http：//www.cac.gov.cn/2019－08/30C_ 1124938750.htm，访问日期：2020 年 10 月 9 日。

致。这两篇论文的结论受到了学术界的广泛关注，之后很多学者都开始关注该领域（Ashlagi 等，2009；Bu 等，2010；Edelman 和 Schwarz，2010；Fukuda 等，2013）。但在实际的关键词拍卖中，广告主投放广告是有预算约束限制的，广告主预算不足时就必须退出拍卖。针对广告主有预算约束的关键词拍卖问题，一些学者已经得出了很好的结果。Muthukrishnan 等（2007）使用概率论的方法，给出预算的优化模型，预测用户检索行为的概率分布情况。Chen 等（2009）对于广告主选择不同搜索引擎及如何进行预算分配的问题进行分析，发现应根据广告主的不同目标进行分配。Gummadi 等（2011）采用马尔科夫决策理论研究了带预算约束广告主的竞价问题。Cholette 等（2012）使用概率论的手段对广告主考虑预算约束的情况展开讨论，给出了广告主支付不超过预算的最优报价。Koh（2013）使用对称纳什均衡概念对有预算约束的关键词拍卖模型，给出广告主报价向上偏离无利可图的充要条件，通过数值例子说明报价向下偏离的收益变化情况，得到了报价向量是带预算约束的对称纳什均衡时预算满足的充要条件，并研究在一个广告位、两位广告主预算相同的环境下，报价向量是非占优策略均衡的条件以及搜索引擎的收益情况。然而，这篇文章采用的是对称纳什均衡概念，并没有从纳什均衡角度对广告主均衡报价问题进行深入分析。不足之处在于纳什均衡概念中广告主维持原位不向上偏离的不等式符合 GSP 机制，而对称纳什均衡不满足这个条件。

综上所述，已有的关键词拍卖研究存在以下不足：首先，许多研究未考虑广告主的预算约束，但在实际情况中，即使是市值很高的大企业，它的广告预算也是有限的，广告主需要事先制定关键词广告的投标策略。因此有必要从理论上对该问题进行深入分析。其次，由于 SNE 条件的一致性，现有研究带预算约束问题的文献，主要采用该均衡条件。当今主流搜索引擎均使用 GSP 机制，但是 GSP 的缺陷在于任意广告主维持在原位不向上偏离的不等式不符合 GSP 机制，相较下 NE 条件符合该机制。最后，2017 年底召开的中央经济工作会议中已提出，我国经济发展进入新时代，基本特征是我国经济已由高速增长阶段转向高质量发展阶段。而高质量的发展就需要企业提高经营效率，合理使用预算资金，从而达到效用最优。因此，利用 NE 概念研究如何合理地利用预算更具有应用价值。

基于上述研究背景，本章在国内外学者的研究基础上，尝试使用纳什均衡概念对带预算约束的关键词拍卖的广告主报价均衡问题进行研究，试图找出在考虑预算约束的情况下，广告主报价达到均衡时所应满足的充要条件。这些结论可以帮助广告主合理分配有限的预算资源，达到均衡报价，提高自身收益。本章与之前研究的主要区别在于：第一，本研究基于 NE 分析带预算约束的广告主达到均衡报价的条件，相比 SNE 更符合实际情况；第二，本研究根据 NE 条件推导出满足 NE 的广告主报价的上下界，并与 SNE 的上下界进行了对比；第三，本研究给出了报价向量达到带预算约束的纳什均衡时应满足的条件。相比不考虑预算约束的情况，带预算约束的情况要复杂得多，需要从报价偏离的角度得出结论。因此，从纳什均衡概念角度研究带有预算约束的广告主关键词拍卖问题具有重要的理论价值和实际意义。

二、关键词拍卖模型

（一）无预算约束的关键词拍卖模型

假设有 n 个广告主，s 个广告位，且 $n \geqslant s$，$N = \{1, 2, \ldots, n\}$ 表示广告主的集合，$S = \{1, 2, \ldots, s\}$ 表示广告位的集合，保留价为0。广告主 j 的每次点击估价（Per－click value）为 v_j，报价（Bidding）为 b_j，其中 $j \in N$。广告位 j 的点击率（Click Through Rate，CTR）为 c_j，其中 $j \in S$，广告位对用户的吸引力从高到低依次递减，即 $c_1 > c_2 > \ldots > c_s$。由于只有 s 个广告位，所以有 $c_{s+1} = c_{s+2} = \ldots = c_n = 0$。

为了简便，对所有广告主重新编号，使得分配到广告位 j 的广告主 j 的报价为 b_j，估价为 v_j。假设模型采用 GSP 支付机制，且每个广告位的点击率、每位广告主的报价和估价信息都是公开的，则获得第 j 个广告位的广告主 j 的支付为排在第 $j+1$ 位的广告主的报价，即 $p_j = b_{j+1}$，此时该广告主的收益为 $c_j(v_j - b_{j+1})$。

定义 4.1 全体广告主的报价构成的报价向量 $b = (b_1, b_2, \ldots, b_n)$ 是纳什均衡。如果 b 满足下列两个不等式：

$$c_j(v_j - b_{j+1}) \geqslant c_l(v_j - b_{l+1}),\ \forall\ l > j \tag{4.1}$$

$$c_j(v_j - b_{j+1}) \geqslant c_l(v_j - b_l),\ \forall\ l < j \tag{4.2}$$

定义 4.2 全体广告主的报价构成的报价向量 $b = (b_1, b_2, \ldots, b_n)$ 是对称纳什均衡，如果 b 满足下面的不等式：

$$c_j(v_j - b_{j+1}) \geqslant c_l(v_j - b_{l+1}),\ \forall l, j \tag{4.3}$$

令 $\mathcal{B}^{NE}$ 表示满足纳什均衡的广告主的报价集合，$\mathcal{B}^{SNE}$ 表示满足对称纳什均衡的广告主的报价集合，上述报价集均不考虑预算约束。两种均衡的主要区别在于，广告主 j 维持原位不向上偏离应满足的不等式不同。

（二）带预算约束的关键词拍卖模型

假设全程竞拍时间设定为 1，可以是 1 小时或 1 天等。理性广告主的估价需大于自身支付价，即 $v_j > p_j = b_{j+1}$，否则广告主的收益为负值。广告主参与拍卖的时间为 t_j，其中 $j \in N$。

定义 4.3　假设广告主 j 的报价为 b_j 时分配到的广告位为 $\pi(j)$，支付为 p_j，其预算给定为 B_j，其中 $j \in N$。则称一个报价向量 $b = (b_1, b_2, \ldots, b_n)$ 是带预算约束的纳什均衡，如果：

（1）$b \in \mathcal{B}^{NE}$。

（2）若 $c_j p_j \leqslant B_j$，则广告主 j 占有广告位 $\pi(j)$ 的时间为 1，即一直占有广告位 $\pi(j)$，直到位置拍卖结束，$j \in N$。

（3）若 $c_j p_j > B_j$，则广告主 j 占有广告位 $\pi(j)$ 的时间小于 1，即提前退出广告位 $\pi(j)$，$j \in N$。

（4）假设其他广告主的报价不变（对任意 $k \neq j$，b_k 保持不变），广告主 j 提高报价进而占有更靠前的广告位的收益小于在原来广告位的收益，降低报价进而占有更靠后的广告位的收益也小于原来广告位的收益。简言之，任意广告主提高报价（向上偏离）无利可图，降低报价（向下偏离）也无利可图。

用例子简要说明预算对关键词拍卖的影响。假设有三位广告主，竞争搜索引擎提供的两个广告位。广告位 1 和 2 的点击率分别为 $c_1 = 2$，$c_2 = 1$。广告主 1、2 和 3 的估价分别为 $v_1 =$

10，$v_2=6$，$v_3=2$，报价分别为 $b_1=5$，$b_2=2$，$b_3=1$，预算分别为 $B_1=4$，$B_2=2$，$B_3=1$。假设广告主 2 的报价从 $b_2=2$ 提高到 $b_2'=4$，使得广告主 1 的支付价格提高（$p_1=b_2$，GSP 机制），所以广告主 1 占有广告位 1 的时间由 $t_1=B_1/(c_1b_2)=4/4=1$ 减少到 $t_1'=B_1/(c_1b_2')=4/8=0.5$。在时刻 0.5 后，广告主 1 退出拍卖，广告主 2 上升到第一位，使其点击率增加。图 4.1 展示了广告主 2 提高报价后，在时期 [0, 0.5] 内，广告主 1 和 2 分别占有广告位 1 和 2，点击率分别为 2 和 1；在时期 [0.5, 1] 内，广告主 1 退出拍卖，广告主 2 上升到第一位，占有时间为 0.5（因为 $0.5c_2b_3+0.5c_1b_3=1.5<B_2=2$）。特别地，广告主 2 的报价从 $b_2=2$ 提高到 $b_2'=4$ 时，会导致自己的收益从最初的 $c_2(v_2-b_3)=1\times(6-1)=5$ 增大到 $[c_2t_1'+c_1(1-t_1')](v_2-b_3)=[1\times0.5+2\times(1-0.5)]\times(6-1)=7.5$。

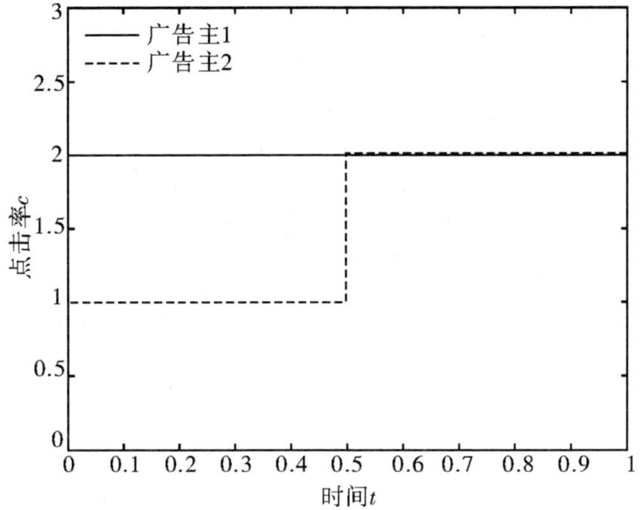

图 4.1 提高报价对广告主所在广告位点击率的影响

三、纳什均衡下广告主报价的上下界

本节推导满足纳什均衡的广告主报价的上下界。由式（4.1）和式（4.2）可以得到满足纳什均衡的报价条件：

$$b_j^{L^*} \equiv (c_j - c_{j+1})\ v_{j+1}/c_j + c_{j+1}b_{j+2}/c_j \leqslant b_j \leqslant (c_{j-1} - c_j)\ v_{j-1}/c_{j-1} + c_j b_{j+1}/c_{j-1} \equiv b_j^{U^*}. \quad (4.4)$$

其中报价 $b_j^{L^*}$ 满足 $c_j\ (v_{j+1} - b_j^{L^*}) = c_{j+1}\ (v_{j+1} - b_{j+2})$，表示广告主 j 的报价为 $b_j^{L^*}$ 时，广告主 $j+1$ 在原位（第 $j+1$ 位）与上移一位（第 j 位）的收益相同。而报价 $b_j^{U^*}$ 满足 $c_{j-1}\ (v_{j-1} - b_j^{U^*}) = c_j\ (v_{j-1} - b_{j+1})$，表示广告主 j 的报价为 $b_j^{U^*}$ 时，广告主 $j-1$ 在原位（第 $j-1$ 位）与下移一位（第 j 位）的收益相同。

由式（4.4）可以推导出广告主报价的上界和下界。

定理 4.1　对任意报价向量 $b = (b_1, b_2, \ldots, b_n) \in \mathcal{B}^{NE}$，都有 $b_j \leqslant b_j^{UU^*}$，其中 $j \in N$，而广告主 j 报价的上界为

$$b_j^{UU^*} = \frac{1}{c_{j-1}} \sum_{k=j}^{s+1} (c_{k-1} - c_k) v_{k-1} \quad (4.5)$$

证明：因为报价向量 b 满足纳什均衡，故式（4.1）成立。令式（4.1）中 $l = j+1$，则有 $c_j\ (v_j - b_{j+1}) \geqslant c_{j+1}\ (v_j - b_{j+2})$。整理得 $b_{j+1} \leqslant (c_j - c_{j+1})\ v_j/c_j + c_{j+1}b_{j+2}/c_j$。据此递推不等式可得到

$$b_j \leqslant (c_{j-1} - c_j)\ v_{j-1}/c_{j-1} + c_j b_{j+1}/c_{j-1}$$

$$\leqslant (c_{j-1} - c_j)\ v_{j-1}/c_{j-1} + c_j\ [\ (c_j - c_{j+1})\ v_j/c_j + c_{j+1}b_{j+2}/c_j]\ /c_{j-1}$$

$= (c_{j-1} - c_j) v_{j-1}/c_{j-1} + (c_j - c_{j+1}) v_j/c_{j-1} + c_{j+1} b_{j+2}/c_{j-1}$。

从而得到

$b_j \leqslant (c_{j-1} - c_j) v_{j-1}/c_{j-1} + (c_j - c_{j+1}) v_j/c_{j-1} + c_{j+1} b_{j+2}/c_{j-1}$,

这样一直进行下去得到

$$b_j \leqslant (c_{j-1} - c_j) v_{j-1}/c_{j-1} + (c_j - c_{j+1}) v_j/c_{j-1} + \dots + (c_{s-1} - c_s) v_{s-1}/c_{j-1} + c_s b_{s+1}/c_{j-1} \qquad (4.6)$$

令式(4.4)中的 $j = s+1$,再结合 $c_{s+1} = c_{s+2} = \dots = c_n = 0$,可知广告主 $s+1$ 报价满足

$$b_{s+1} \leqslant b_{s+1}^{U^*} = (c_s - c_{s+1}) v_s/c_s + c_{s+1} b_{s+2}/c_s = c_s v_s/c_s = v_s$$

利用不等式 $b_{s+1} \leqslant v_s$,代入式(4.6)可得

$$b_j \leqslant (c_{j-1} - c_j) v_{j-1}/c_{j-1} + (c_j - c_{j+1}) v_j/c_{j-1} + \dots + (c_{s-1} - c_s) v_{s-1}/c_{j-1} + c_s v_s/c_{j-1}$$

$$= \frac{1}{c_{j-1}} \sum_{k=j}^{s+1} (c_{k-1} - c_k) v_{k-1} = b_j^{UU^*}$$

从而定理 4.1 成立。

将定理 4.1 的结论与 Varian(2007)的结论进行比较可知,纳什均衡报价的上界与对称纳什均衡报价的上界恰好相同,即 $b_j^{UU^*} = b_j^{UU}$①。

定理 4.2 对任意报价向量 $b = (b_1, b_2, \dots, b_n) \in \mathscr{B}^{NE}$,

---

① b_j^{UU} 是满足对称纳什均衡的广告主 j 的报价上界,其中 $b_j^{UU} = \frac{1}{c_{k-j}} \sum_{k=j}^{s+1} (c_{k-1} - c_k) v_{k-1}$。

都有 $b_j \geqslant b_j^{LL^*}$，其中 $j \in N$，而广告主 j 报价的下界为

$$b_j^{LL^*} = \begin{cases} \dfrac{1}{c_j} \displaystyle\sum_{i=1}^{(s-j+2)/2} (c_{j+2i-2} - c_{j+2i-1}) v_{j+2i-1}, (s \text{ 与 } j \text{ 奇偶性相同})； \\ \dfrac{1}{c_j} \displaystyle\sum_{i=1}^{(s-j+1)/2} (c_{j+2i-2} - c_{j+2i-1}) v_{j+2i-1}, (s \text{ 与 } j \text{ 奇偶性相异})。 \end{cases} \tag{4.7}$$

证明：因为报价向量 b 是纳什均衡，所以满足式（4.2）。令式（4.2）中 $l=j-1$，则有 c_j（v_j-b_{j+1}）$\geqslant c_{j-1}$（v_j-b_{j-1}）。整理得 $b_{j-1} \geqslant (c_{j-1}-c_j) v_j/c_{j-1}+c_j b_{j+1}/c_{j-1}$。据此递推不等式可得到

$$\begin{aligned} b_j &\geqslant (c_j-c_{j+1}) v_{j+1}/c_j+c_{j+1} b_{j+2}/c_j \\ &\geqslant (c_j-c_{j+1}) v_{j+1}/c_j+c_{j+1} [(c_{j+2}-c_{j+3}) v_{j+3}/c_{j+2}+c_{j+3} \\ &\quad b_{j+4}/c_{j+2}] /c_j \\ &\geqslant (c_j-c_{j+1}) v_{j+1}/c_j+c_{j+2} [(c_{j+2}-c_{j+3}) v_{j+3}/c_{j+2}+c_{j+3} \\ &\quad b_{j+4}/c_{j+2}] /c_j \ (\text{因为 } c_{j+1} > c_{j+2}) \\ &= (c_j-c_{j+1}) v_{j+1}/c_j+(c_{j+2}-c_{j+3}) v_{j+3}/c_j+c_{j+3} b_{j+4}/c_j。\end{aligned}$$

如此一直递推下去，可知当 s 与 j 奇偶性相同时

$$b_j \geqslant (c_j - c_{j+1}) v_{j+1}/c_j + (c_{j+2} - c_{j+3}) v_{j+3}/c_j + \ldots + (c_{s-2}-c_{s-1}) v_{s-1}/c_j+c_{s-1} b_s/c_j \tag{4.8}$$

令式（4.4）中的 $j=s$，再结合 $c_{s+1}=c_{s+2}=\ldots=c_n=0$，可知广告主 s 报价满足

$$b_s \geqslant b_s^{L^*} \equiv (c_s - c_{s+1}) v_{s+1}/c_s + c_{s+1} b_{s+2}/c_s = c_s v_{s+1}/c_s = v_{s+1} \tag{4.9}$$

将式（4.9）代入式（4.8）可得

$b_j \geqslant (c_j - c_{j+1})\ v_{j+1}/c_j + \ldots + \ (c_{s-2} - c_{s-1})\ v_{s-1}/c_j + c_{s-1}$

v_{s+1}/c_j

$\geqslant (c_j - c_{j+1})\ v_{j+1}/c_j + \ldots + \ (c_{s-2} - c_{s-1})\ v_{s-1}/c_j + c_s v_{s+1}/$

c_j。（因为 $c_{s-1} > c_s$）

或 $b_j \geqslant \frac{1}{c_j}\sum_{i=1}^{(s-j+2)/2}(c_{j+2i-2} - c_{j+2i-1})v_{j+2i-1}$ [最后一项为（$c_s -$

c_{s+1}）v_{s+1}/c_j]

类似地，当 s 与 j 奇偶性相异时可得

$b_j \geqslant \frac{1}{c_j}\sum_{i=1}^{(s-j+1)/2}(c_{j+2i-2} - c_{j+2i-1})v_{j+2i-1}$ [最后一项为（$c_{s-1} - c_s$）

v_s/c_j]

定理 4.2 证毕。

将定理 4.2 的结论与 Varian（2007）的结论进行比较可知，这里得到的纳什均衡报价的下界与对称纳什均衡报价的下界不同，即 $b_j^{LL*} \neq b_j^{LL}$①。

四、带预算约束的纳什均衡

（一）广告主报价向上偏离

下面讨论广告主报价向量是带预算约束的纳什均衡时应满

① b_j^{LL}是满足对称纳什均衡的广告主的报价下界，其中 $b_j^{LL} = \frac{1}{c_{j-1}}\sum_{k=j}^{s}(c_{k-1} - c_k)v_k$，$b_j^{LL}$ 与 b_j^{LL*} 的大小关系取决于 j 的大小。而报价向量 $(b_j^{LL})_{j\in N}$ 是对称纳什均衡，详细证明见附录 B。

足的条件。首先分析广告主报价向上偏离的情况。

定理 4.3 考虑任意报价向量 $b \in \mathcal{B}^{NE}$，满足对所有 $j \in N$ 都有 $c_j b_{j+1} \leqslant B_j$，则提高报价（向上偏离）无利可图的充要条件是对所有 $j \in N$ 都有 $B_j \geqslant c_j b_j$。

证明：(充分性) 假设 $b \in \mathcal{B}^{NE}$，且对所有 $j \in N$ 满足 $B_j \geqslant c_j b_j$，要证明任意广告主 j ($j \in N$) 提高报价（向上偏离）无利可图。广告主 j 排在第 j 位，报价不变时收益为 c_j $(v_j - b_{j+1})$。假设广告主 j 将他的报价从 b_j 提高到 b_j'，下面证明广告主 j 是无利可图的。此时新的报价排序如下

$$b_1 > \dots > b_{j-k} > b_j' > b_{j-k+1} > \dots > b_{j-1} > b_{j+1} > \dots > b_s$$

由于 $B_{j-k} \geqslant c_{j-k} b_{j-k} \geqslant c_{j-k} b_j'$，故广告主 $j-k$ 不会提前退出，占据第 $j-k$ 位直到拍卖结束。

(1) 若 $B_j \geqslant c_{j-k+1} b_{j-k+1}$，则广告主 j 占据第 $j-k+1$ 位直到拍卖结束，此时广告主 j 的收益为 c_{j-k+1} $(v_j - b_{j-k+1})$。令式 (4.2) 中 $l = j-k+1$ 可得 c_j $(v_j - b_{j+1})$ $\geqslant c_{j-k+1}$ $(v_j - b_{j-k+1})$。故广告主 j 提高报价无利可图。

(2) 若 $B_j < c_{j-k+1} b_{j-k+1}$，即广告主 j 的报价向上偏离后支付价将超过自身预算（预算不足），因此他占据广告位 $j-k+1$ 参与拍卖的时间为 $t = \dfrac{B_j}{c_{j-k+1} b_{j-k+1}} < 1$，之后预算耗尽并提前退出拍卖。在这段时间，广告主 j 的收益为 $c_{j-k+1} t$ $(v_j - b_{j-k+1})$，进一步，令式 (4.2) 中的 $l = j-k+1$，则有 c_j $(v_j - b_{j+1})$ $\geqslant$ c_{j-k+1} $(v_j - b_{j-k+1})$ $\geqslant$ $c_{j-k+1} t$ $(v_j - b_{j-k+1})$。这种情况下，广告主 j 提高报价同样无利可图。

综上所述，定理 4.3 的充分性得证。

证明：（必要性）考虑报价向量 $b \in \mathcal{B}^{NE}$，对所有 $j \in N$ 满足 $c_j b_{j+1} \leqslant B_j$。采用反证法证明。假设某广告主 j 的预算满足 $B_j < c_j b_j$，要证明广告主 $j+1$ 报价向上偏离有利可图。

假设广告主 $j+1$ 增加其报价至 $b_{j+1}' = b_j - \varepsilon$（$\varepsilon$ 为任意小的正实数），则报价排序为

$$b_1 > \ldots > b_{j-1} > b_j > b_{j+1}' > b_{j+2} > \ldots > b_s.$$

由于 $B_j < c_j b_j$，所以广告主 j 占据广告位 j 的时间为 $t = \frac{B_j}{c_j b_{j+1}'} \approx \frac{B_j}{c_j b_j} < 1$（当 ε 趋近于0），时间 t 之后，广告主 j 退出拍卖，而广告主 $j+1$ 会上升到第 j 位。新的报价排序为

$$b_1 > \ldots > b_{j-1} > b_{j+1}' > b_{j+2} > \ldots > b_s.$$

容易知道广告主 $j+1$ 占据广告位 $j+1$ 的时间也为 t，而占据广告位 j 的时间为 $t' - t$，其中 t' 满足 $[c_{j+1}t + c_j(t'-t)]b_{j+2} = B_{j+1}$，并且 t' 可能会大于1。为了计算广告主 $j+1$ 的总支付，需要考虑广告主 $j+2$ 占据广告位的情况：①广告主 $j+2$ 占据广告位 $j+2$ 的时间显然为 t；②若广告主 $j+2$ 占据广告位 $j+1$ 的时间大于等于 $t'-t$，则广告主 $j+1$ 占据广告位 $j+1$ 的支付为 $c_{j+1}b_{j+2}$；若广告主 $j+2$ 占据广告位 $j+1$ 的时间小于 $t'-t$，则广告主 $j+1$ 占据广告位 $j+1$ 的支付小于 $c_{j+1}b_{j+2}$。因此，综合两种情况可知，广告主 $j+1$ 占据广告位 j 的支付小于等于 $c_j(t'-t)b_{j+2}$，进而总支付 P_{j+1}' 满足

$$P_{j+1}' \leqslant [c_{j+1}t + c_j - \min\{t', 1\}(t)]b_{j+2},$$

故提高报价后广告主 $j+1$ 的收益变化为

$[c_{j+1}t + c_j - \min\{t', 1\}(t)](v_{j+1} - b_{j+2}) - c_{j+1}(v_{j+1} -$

$b_{j+2})$

$$= \begin{cases} (\frac{B_{j+1}}{b_{j+2}} - c_{j+1})(v_{j+1} - b_{j+2}) \geqslant 0, & t' \leqslant 1\ ; \\ (c_j - c_{j+1})(1 - t)(v_{j+1} - b_{j+2}) \geqslant 0, & t' > 1\ 。\end{cases}$$

因此，广告主 $j+1$ 的报价从 b_{j+1} 提高到 $b_{j+1}' = b_j - \varepsilon$ 后有利可图。定理 4.1 的必要性得证。

综上所述，定理 4.3 证毕。

下面用数值实例验证定理 4.3。

例 4.1 假设有 4 个广告主，3 个广告位。3 个广告位的点击率分别为 $c_1 = 18$，$c_2 = 6$，$c_3 = 2$。广告主的估价分别为 $v_1 = 12$，$v_2 = 9$，$v_3 = 6$，$v_4 = 3$；报价分别为 $b_1 = 8$，$b_2 = 6$，$b_3 = 4$，$b_4 = 2$；广告主的预算满足 $B_j \geqslant c_j b_j$（$j = 1, 2, 3$），即 $B_1 = 200 > 144 = c_1 b_1$，$B_2 = 66 > 36 = c_2 b_2$，$B_3 = 20 > 8 = c_3 b_3$。详细信息见表 4.1。

表 4.1 广告主参与拍卖信息列表

广告位	广告主	点击率（c）	估价（v）	报价（b）	预算（B）
1	1	18	12	8	200
2	2	6	9	6	66
3	3	2	6	4	20
	4	0	3	2	—

（1）首先证明这组报价满足纳什均衡。

考虑广告主 1：c_1（$v_1 - b_2$）$= 18 \times$（$12 - 6$）$= 108$，c_2（$v_1 - b_3$）$= 6 \times$（$12 - 4$）$= 48$，c_3（$v_1 - b_4$）$= 2 \times$（$12 - 2$）

$=20$，$c_4(v_1-b_5)=0$。即 $c_1(v_1-b_2)>c_2(v_1-b_3)$，$c_1(v_1-b_2)>c_3(v_1-b_4)$，$c_1(v_1-b_2)>c_4(v_1-b_5)$。故广告主1的报价满足纳什均衡条件。

考虑广告主2：$c_2(v_2-b_3)=6\times(9-4)=30$，$c_1(v_2-b_1)=18\times(9-8)=18$，由于 $c_1(v_2-b_2)=18\times(9-6)=54>30=c_2(v_2-b_3)$，故广告主2报价不满足对称纳什均衡条件。$c_3(v_2-b_4)=2\times(9-2)=14$，$c_4(v_2-b_5)=0$，即 $c_2(v_2-b_3)>c_1(v_2-b_1)$，$c_2(v_2-b_3)>c_3(v_2-b_4)$，$c_2(v_2-b_3)>c_4(v_2-b_5)$。故广告主2的报价也满足纳什均衡条件。

考虑广告主3：$c_3(v_3-b_4)=2\times(6-2)=8$，$c_1(v_3-b_1)=18\times(6-8)<0$，$c_2(v_3-b_2)=6\times(6-6)=0$，由于 $c_2(v_3-b_3)=6\times(6-4)=12>8$，故广告主3报价不满足对称纳什均衡条件。$c_4(v_3-b_5)=0$，即 $c_3(v_3-b_4)>c_1(v_3-b_1)$，$c_3(v_3-b_4)>c_2(v_3-b_2)$，$c_3(v_3-b_4)>c_4(v_3-b_5)$，故广告主3的报价满足纳什均衡条件。

考虑广告主4：$c_4(v_4-b_5)=0$，$c_1(v_4-b_1)=18\times(3-8)<0$，$c_2(v_4-b_2)=6\times(3-6)<0$，$c_3(v_4-b_3)=2\times(3-4)<0$，由于 $c_3(v_4-b_4)=2\times(3-2)=2>0$，故广告主4报价不满足对称纳什均衡条件，即 $c_4(v_4-b_5)>c_1(v_4-b_1)$，$c_4(v_4-b_5)>c_2(v_4-b_2)$，$c_4(v_4-b_5)>c_3(v_4-b_3)$，故广告主4的报价满足纳什均衡条件。

综上，该报价向量满足纳什均衡条件，即 $b=(b_1, b_2, b_3, b_4)\in\mathcal{B}^{NE}$。

（2）将广告主2作为研究对象。因为广告主预算满足 $B_j\geq$

c_jb_j（$j=1,2,3$），所以根据定理4.3充分条件，广告主2报价向上偏离应无利可图。

广告主2在原位的收益为$c_2(v_2-b_3)=6\times(9-4)=30$。如果广告主2报价向上偏离占据广告位1时，因为$B_2=66<144=c_1b_1$，所以广告主2参与拍卖时间$t=\frac{B_2}{c_1b_2}=66/144=11/24$，他的收益变为$c_1t(v_2-b_1)=18\times11/24\times(9-8)=8.25$。因此，$c_2(v_2-b_3)>c_1t(v_2-b_1)$，此时广告主2的报价向上偏离无利可图。数值实例表明定理4.3充分性成立。

（3）若广告主1的预算降低至$B_1'=120<144=c_1b_1$。当广告主2的报价提高到$b_2'=b_1-\varepsilon=8-\varepsilon$（$\varepsilon$为任意小的正实数），则广告主1的拍卖时间为$t=\frac{B_1'}{c_1b_2'}\approx\frac{B_1'}{c_1b_1}=5/6<1$，则此时广告主2的收益变为$[c_2t+c_1(1-t)](v_2-b_3)=40$，即$c_2(v_2-b_3)<[c_2t+c_1(1-t)](v_2-b_3)$。此时广告主2的报价向上偏离有利可图。数值实例表明定理4.3必要性也成立。

推论4.1　假设某广告主j的预算满足$B_j<B_{j^*}$，则任意报价向量$b\in\mathcal{B}^{NE}$不是带预算约束的纳什均衡，其中$B_{j^*}=c_jb_j^{LL^*}$，$j\in N$。

证明：假设任意一个报价向量$b\in\mathcal{B}^{NE}$，由定理4.2可知，该向量中的报价满足$b_j^{LL^*}\leqslant b_j$（$j\in N$），所以广告主j的预算$B_j<B_j^*=c_jb_j^{LL^*}\leqslant c_jb_j$。由定理4.3可知，广告主$j+1$提高报价有利可图。因此，$b\in\mathcal{B}^{NE}$不是带预算约束的纳什均衡，证毕。

（二）广告主报价向下偏离

下面用一个数值实例说明广告主报价向下偏离后自身收益的变化情况。

例4.2　沿用例4.1的数据。首先根据定理4.1与定理4.2中的结论求出每位广告主报价的上下界。

广告主1：$b_1^{LL^*}=[(c_1-c_2)v_2+(c_3-c_4)v_4]/c_1=[(18-6)\times9+2\times3]/18=19/3\approx6.33$，广告主1的报价没有上界，即$b_1\in[6.33,+\infty)$。

广告主2：$b_2^{UU^*}=[(c_1-c_2)v_1+(c_2-c_3)v_2+(c_3-c_4)v_3]/c_1=[(18-6)\times12+(6-2)\times9+(2-0)\times6]/18=32/3\approx10.67$，$b_2^{LL^*}=(c_2-c_3)v_3/c_2=(6-2)\times6/6=4$，即$b_2\in[4,10.67]$。

广告主3：$b_3^{UU^*}=[(c_2-c_3)v_2+(c_3-c_4)v_3]/c_2=[(6-2)\times9+(2-0)\times6]/6=8$，$b_3^{LL^*}=(c_3-c_4)v_4/c_3=(2-0)\times3/2=3$，即$b_3\in[3,8]$。

广告主4：$b_4^{UU^*}=(c_3-c_4)v_3/c_3=(2-0)\times6/2=6$，广告主4的报价下界无法通过公式计算，故下界为0，即$b_4\in[0,6]$。

将广告主1作为研究对象，他在第一位时的收益为$c_1(v_1-b_2)$，当广告主1降低自身报价到$b_2-\varepsilon$（ε为任意小的实数），此时广告主1处于第二位，而广告主2上升到第一位。由于$B_2=66<c_1b_2^{LL^*}=72\leqslant c_1b_2$，而广告主2参与拍卖的时间为$t=\dfrac{B_2}{c_1b_2}<1$，所以他会提前退出拍卖。

若四位广告主报价分别调整为 $b_1=8$，$b_2=4$，$b_3=3$，$b_4=0$。其中广告主 2、3 和 4 分别取到自身报价的下界（$b_j^{LL^*}$），详细信息见表 4.2。

表 4.2　广告主参与拍卖信息列表（使用报价下界）

广告位	广告主	点击率（c）	估价（v）	报价（b）	报价上界（b^{UU^*}）	报价下界（b^{LL^*}）	预算（B）
1	1	18	12	8	+∞	19/3	200
2	2	6	9	4	32/3	4	66
3	3	2	6	3	8	3	20
	4	0	3	0	6	0	—

首先，验证这组报价也满足纳什均衡条件。

考虑广告主 1：$c_1(v_1-b_2)=18\times(12-4)=144$，$c_2(v_1-b_3)=6\times(12-3)=54$，$c_3(v_1-b_4)=2\times(12-0)=24$，$c_4(v_1-b_5)=0$，即 $c_1(v_1-b_2)>c_2(v_1-b_3)$，$c_1(v_1-b_2)>c_3(v_1-b_4)$，$c_1(v_1-b_2)>c_4(v_1-b_5)$。故广告主 1 的报价满足纳什均衡条件。

考虑广告主 2：$c_2(v_2-b_3)=6\times(9-3)=36$，$c_1(v_2-b_1)=18\times(9-8)=18$，由于 $c_1(v_2-b_2)=18\times(9-4)=90>c_2(v_2-b_3)$，故广告主 2 报价不满足对称纳什均衡条件，$c_3(v_2-b_4)=2\times(9-0)=18$，$c_4(v_2-b_5)=0$，即 $c_2(v_2-b_3)>c_1(v_2-b_1)$，$c_2(v_2-b_3)>c_3(v_2-b_4)$，$c_2(v_2-b_3)>c_4(v_2-b_5)$，故广告主 2 的报价满足纳什均衡条件。

考虑广告主 3：$c_3(v_3-b_4)=2\times(6-0)=12$，$c_1(v_3-b_1)=18\times(6-8)<0$，由于 $c_1(v_3-b_2)=18\times(6-4)$

$=36>c_3(v_3-b_4)$，故广告主 3 报价不满足对称纳什均衡条件。$c_2(v_3-b_2)=6\times(6-4)=12$，由于 $c_2(v_3-b_3)=6\times(6-3)=18>c_3(v_3-b_4)$，同样说明广告主 3 报价不满足对称纳什均衡条件。$c_4(v_3-b_5)=0$，即 $c_3(v_3-b_4)>c_1(v_3-b_1)$，$c_3(v_3-b_4)\geqslant c_2(v_3-b_2)$，$c_3(v_3-b_4)>c_4(v_3-b_5)$，故广告主 3 的报价满足纳什均衡条件。

考虑广告主 4：$c_4(v_4-b_5)=0$，$c_1(v_4-b_1)=18\times(3-8)<0$，$c_2(v_4-b_2)=6\times(3-4)<0$，$c_3(v_4-b_3)=2\times(3-3)=0$。由于 $c_3(v_4-b_4)=2\times(3-0)=6>0$，故广告主 4 报价不满足对称纳什均衡条件。即 $c_4(v_4-b_5)>c_1(v_4-b_1)$，$c_4(v_4-b_5)>c_2(v_4-b_2)$，$c_4(v_4-b_5)\geqslant c_3(v_4-b_3)$，故广告主 4 的报价满足纳什均衡条件。综上，该报价向量满足纳什均衡条件。

若四位广告主报价分别调整为 $b_1=11$，$b_2=32/3$，$b_3=8$，$b_4=6$。其中广告主 2、3 和 4 取到自身报价的上界（$b_j^{UU^*}$），详细信息见表 4.3。

表 4.3　广告主参与拍卖信息列表（使用报价上界）

广告位	广告主	点击率 (c)	估价 (v)	报价 (b)	报价上界 (b^{UU^*})	报价下界 (b^{LL^*})	预算 (B)
1	1	18	12	11	$+\infty$	19/3	200
2	2	6	9	32/3	32/3	4	66
3	3	2	6	8	8	3	20
	4	0	3	6	6	0	—

验证这组报价也满足纳什均衡条件。

考虑广告主1：$c_1(v_1-b_2)=18\times(12-32/3)=24$，$c_2(v_1-b_3)=6\times(12-8)=24$，$c_3(v_1-b_4)=2\times(12-6)=12$，$c_4(v_1-b_5)=0$，即 $c_1(v_1-b_2)\geqslant c_2(v_1-b_3)$，$c_1(v_1-b_2)>c_3(v_1-b_4)$，$c_1(v_1-b_2)>c_4(v_1-b_5)$，故广告主1的报价满足纳什均衡条件。

考虑广告主2：$c_2(v_2-b_3)=6\times(9-8)=6$，$c_1(v_2-b_1)=18\times(9-11)<0$，$c_3(v_2-b_4)=2\times(9-6)=6$，$c_4(v_2-b_5)=0$，即 $c_2(v_2-b_3)>c_1(v_2-b_1)$，$c_2(v_2-b_3)\geqslant c_3(v_2-b_4)$，$c_2(v_2-b_3)>c_4(v_2-b_5)$，故广告主2的报价满足纳什均衡条件。

考虑广告主3：$c_3(v_3-b_4)=2\times(6-6)=0$，$c_1(v_3-b_1)=18\times(6-11)<0$，$c_2(v_3-b_2)=6\times(6-32/3)<0$，$c_4(v_3-b_5)=0$，即 $c_3(v_3-b_4)>c_1(v_3-b_1)$，$c_3(v_3-b_4)>c_2(v_3-b_2)$，$c_3(v_3-b_4)\geqslant c_4(v_3-b_5)$，故广告主3的报价也满足纳什均衡条件。

考虑广告主4：$c_4(v_4-b_5)=0$，$c_1(v_4-b_1)=18\times(3-11)<0$，$c_2(v_4-b_2)=6\times(3-32/3)<0$，$c_3(v_4-b_3)=2\times(3-8)<0$，即 $c_4(v_4-b_5)>c_1(v_4-b_1)$，$c_4(v_4-b_5)>c_2(v_4-b_2)$，$c_4(v_4-b_5)\geqslant c_3(v_4-b_3)$，故广告主4的报价满足纳什均衡条件。综上，这个报价向量也满足纳什均衡条件。

下面讨论报价向量的取值不同，对广告主1报价向下偏离后的收益变化产生何种影响：

（1）广告主2和3都取到自身报价的下界（$b_j^{LL^*}$）。

原来广告主1的收益为 $u_1=c_1(v_1-b_2^{LL^*})=18\times(12-4)$

$=144$。

广告主1的报价向下偏离后，广告主2上升至第一位，此时广告主2的预算 $B_2=66<c_1b_2^{LL^*}=18\times4=72$，所以广告主2参与拍卖的时间 $t=\dfrac{B_2}{c_1b_2^{LL^*}}=66/72=11/12$。

此时广告主1的收益变为 $u_1'=[c_2t+c_1(1-t)](v_1-b_3^{LL^*})=[6\times11/12+18\times(1-11/12)](12-3)=63<144$。这种情况下，广告主1报价向下偏离后自身收益下降。

（2）若广告主2和3都取自身报价的上界（$b_j^{UU^*}$）。

原来广告主1的收益 $u_1=c_1(v_1-b_2^{UU^*})=18\times(12-32/3)=24$。

广告主1向下偏离后，广告主2上升到第一位，此时广告主2的预算为 $B_2=66<c_1b_2^{UU^*}=18\times32/3=192$，所以广告主2参与拍卖的时间为 $t=\dfrac{B_2}{c_1b_2^{UU^*}}=11/32$。

广告主1的收益变为 $u_1'=[c_2t+c_1(1-t)](v_1-b_3^{UU^*})=[6\times11/32+18\times(1-11/32)](12-8)=55.5>24$。此时广告主1报价向下偏离后自身收益上升。

出现上述两种不同结果是由两方面因素导致的。由于广告主1从第一位下降到第二位，他所在广告位的点击率有一定程度的损失 $[c_2t+c_1(1-t)<c_1]$，但是下降一位后他支付的费用减少，从而使每次点击的收益增加（$v_1-b_3>v_1-b_2$），所以两者的乘积变化大小是不确定的。例4.2中的第一种情况，由于广告主1在第二位的时间较长（$t=11/12$），每次点击收益的增加无法弥补他在点击率上的损失，使得收益减少；而第二种情况，广告主2参与拍卖的时间为 $t=11/32$，远小于第一种情况中的时间，故广告主1有充分的时间去弥补点击率下降带来的损失，从而使收益增加。

推论 4.2　假设某广告主 j 的报价向下偏离，如果点击率的损失程度大于每次点击支付减少使收益增加的程度，则广告主 j 无利可图；反之，若点击率的损失程度小于每次点击支付减少使收益增加的程度，则广告主 j 有利可图。

（三）均衡条件

本章已经分析了广告主报价向上偏离与向下偏离后自身收益的变化情况，下面首先给出两个引理，然后利用这两个引理给出报价向量 b 是带预算约束的纳什均衡应满足的充要条件。

引理 4.1　对于任意报价向量 $b=(b_j^{UU^*})_{j\in N}$，其中所有广告主 $j\in N$ 的预算满足 $B_j\geqslant c_jb_{j+1}^{UU^*}$。若某广告主 j 的预算满足 $B_j<B_j^{**}$，则报价向量 $b=(b_j^{UU^*})_{j\in N}$ 不是带预算约束的纳什均衡，其中 $B_j^{**}=c_{j-1}b_j^{UU^*}$。

证明：要证报价向量 $b=(b_j^{UU^*})_{j\in N}$ 不是带预算约束的纳什均衡，只需证明某位广告主增加报价或降低报价后有利可图。

假设广告主 $j-1$ 的报价从 $b_{j-1}^{UU^*}$ 降低到 $b_{j-1}'=b_j^{UU^*}-\varepsilon$，则他从第 $j-1$ 位下降至第 j 位，同时广告主 j 从第 j 位上升到第 $j-1$ 位。新的报价排序如下

$$b_1^{UU^*}>b_2^{UU^*}>\ldots>b_{j-2}^{UU^*}>b_j^{UU^*}>b_{j-1}'>b_{j+1}^{UU^*}>\ldots>b_s.$$

因为广告主 j 的预算 $B_j<B_j^{**}=c_{j-1}b_j^{UU^*}$，而 $c_{j-1}b_j^{UU^*}\approx$

$c_{j-1}b_{j-1}'$，故 $B_j < c_{j-1}b_{j-1}'$。因此广告主 j 占据广告位 $j-1$ 的时间为 $t=\frac{B_j}{c_{j-1}b_{j-1}'}<1$，时间 t 之后广告主 j 退出广告位 $j-1$，而广告主 $j-1$ 重新上升到第 $j-1$ 位。

容易知道广告主 $j-1$ 占据广告位 j 的时间也为 t，之后重新占据广告位 $j-1$ 的时间为 $1-t$，这是因为 $[c_jt+c_{j-1}(1-t)]b_{j+1}^{UU^*}-c_{j-1}b_j^{UU^*}-B_{j-1}$。为了计算广告主 $j-1$ 的总支付，需要考虑广告主 $j+1$ 占据广告位的情况：①广告主 $j+1$ 占据广告位 $j+1$ 的时间显然为 t；②时间 t 之后，广告主 $j+1$ 上升并占据广告位 j 的时间显然小于等于 $1-t$。因此广告主 $j-1$ 占据广告位 j 的支付为 $c_jtb_{j+1}^{UU^*}$，重新占据广告位 $j-1$ 的支付小于等于 $c_{j-1}(1-t)b_{j+1}^{UU^*}$，进而总支付 P_{j-1} 满足

$$P_{j-1}\leqslant[c_jt+c_{j-1}(1-t)]b_{j+1}^{UU^*}。$$

因此，广告主 $j-1$ 由于降低报价导致的收益净变化为

$\Delta u_{j-1}>[c_jt+c_{j-1}(1-t)](v_{j-1}-b_{j+1}^{UU^*})-c_{j-1}(v_{j-1}-b_j^{UU^*})>c_j(v_{j-1}-b_{j+1}^{UU^*})-c_{j-1}(v_{j-1}-b_j^{UU^*})=0$。

上式中第一个不等式是因为 $c_jt+c_{j-1}(1-t)>c_j$，而第二个等式成立是因为

$$\begin{aligned}
&c_j(v_{j-1}-b_{j+1}^{UU^*})-c_{j-1}(v_{j-1}-b_j^{UU^*})\\
&=c_jv_{j-1}-\sum_{k=j+1}^{s+1}(c_{k-1}-c_k)v_{k-1}-c_{j-1}v_{j-1}+\sum_{k=j}^{s+1}(c_{k-1}-c_k)v_{k-1}\\
&=\sum_{k=j}^{s+1}(c_{k-1}-c_k)v_{k-1}-\sum_{k=j}^{s+1}(c_{k-1}-c_k)v_{k-1}=0。
\end{aligned}$$

所以，当广告主 $j-1$ 报价向下偏离后收益增加，这说明报价向量 $b=(b_j^{UU^*})_{j\in N}$ 不是带预算约束的纳什均衡，证毕。

引理 4.2 报价向量 $(b_j^{UU^*})_{j\in N}$ 是纳什均衡。

证明：方法一（间接法）

由 Varian（2007）论文中的 Fact 4 可知：$\mathcal{B}^{SNE}\subseteq\mathcal{B}^{NE}$。故只需证明 $(b_j^{UU^*})_{j\in N}\in\mathcal{B}^{SNE}$，即

$c_j\ (v_j-b_{j+1}^{UU^*})\geqslant c_l\ (v_j-b_{l+1}^{UU^*})$，对任意 l, j（4.10）

由 Varian（2007）论文中的 Fact 5 可知①，只需证明当 $l=j-1$, $j+1$ 时，式（4.10）成立即可。由定理 4.1 中的式（4.5）可知，广告主 j 在第 $j+1$ 位的支付为

$$c_{j+1}b_{j+2}^{UU^*}=\sum_{k=j+2}^{s+1}(c_{k-1}-c_k)v_{k-1},$$

而他在第 j 位的支付为

$$c_jb_{j+1}^{UU^*}=\sum_{k=j+1}^{s+1}(c_{k-1}-c_k)v_{k-1}=(c_j-c_{j+1})\ v_j+c_{j+1}b_{j+2}^{UU^*},$$

从而

$c_j\ (v_j-b_{j+1}^{UU^*})\ =c_jv_j-\ [\ (c_j-c_{j+1})\ v_j+c_{j+1}b_{j+2}^{UU^*}]\ =c_{j+1}\ (v_j-b_{j+2}^{UU^*})$。

类似地，由式（4.5）可知，广告主 j 在第 $j-1$ 位的支付为

$$c_{j-1}b_j^{UU^*}=\sum_{k=j}^{s+1}(c_{k-1}-c_k)v_{k-1}=(c_{j-1}-c_j)\ v_{j-1}+c_jb_{j+1}^{UU^*},$$

从而

$$c_j\ (v_j-b_{j+1}^{UU^*})\ -\ c_{j-1}\ (v_j-b_j^{UU^*})$$

---

① Varian（2007）的论文 *Position auctions* 中的 Fact 5：如果一个报价向量满足相邻两个对称纳什均衡的不等式（$j-1$, $j+1$），则它满足所有的对称纳什不等式。

$=c_j\ (v_j-b_{j+1}^{UU^*})\ -\ c_{j-1}v_j+\ (c_{j-1}-c_j)\ v_{j-1}+\ c_jb_{j+1}^{UU^*}$

$=\ (c_j-c_{j-1})\ v_j+\ (c_{j-1}-c_j)\ v_{j-1}$

$=\ (c_j-c_{j-1})\ (v_j-v_{j-1})\ >0$。

综上所述，式（4.10）对 $l=j-1$，$j+1$ 都成立。

方法二（直接法）

要证 $(b_j^{UU^*})_{j\in N}$是纳什均衡，即证

$c_j\ (v_j-b_{j+1}^{UU^*})\ \geqslant c_l\ (v_j-b_{l+1}^{UU^*})$，$\forall l>j$，（4.11）

$c_j\ (v_j-b_{j+1}^{UU^*})\ \geqslant c_l\ (v_j-b_l^{UU^*})$，$\forall l<j$.（4.12）

对于 l 与 j 的大小关系，分两种情况进行讨论。

（1）当 $l>j$ 时，有 $c_j\ (v_j-b_{j+1}^{UU^*})\ -\ c_l\ (v_j-b_{l+1}^{UU^*})$

将式（4.5）代入得

$$(c_j-c_l)v_j-\sum_{k=j+1}^{s+1}(c_{k-1}-c_k)v_{k-1}+\sum_{k=l+1}^{s+1}(c_{k-1}-c_k)v_{k-1}$$

展开可得

$(c_j-c_l)\ v_j-\ [\ (c_j-c_{j+1})\ v_j+\ (c_{j+1}-c_{j+2})\ v_{j+1}+\dots+\ (c_{l-1}-c_l)\ v_{l-1}]$

化简得

$(c_{j+1}-c_l)\ v_j-\ (c_{j+1}-c_{j+2})\ v_{j+1}-\dots-\ (c_{l-1}-c_l)\ v_{l-1}$

按点击率合并同类项，有

$c_{j+1}\ (v_j-v_{j+1})\ +c_{j+2}\ (v_{j+1}-v_{j+2})\ +\dots+c_{l-1}\ (v_{l-2}-v_{l-1})\ +c_l\ (v_{l-1}-v_j)$

由于 $c_{j+1}>c_{j+2}>\dots>c_l>0$，并且 $v_j>v_{j+1}>\dots>v_{l-2}>v_{l-1}>0$，则

$\geqslant c_l\ (v_j-v_{j+1}+v_{j+1}-v_{j+2}+\dots+v_{l-2}-v_{l-1}+v_{l-1}-v_j)\ =0$

故式（4.11）成立。

(2) 当 $l<j$ 时，有 $c_j\ (v_j-b_{j+1}^{UU})\ -\ c_l\ (v_j-b_l^{UU})$

将式（4.5）代入得

$$(c_j-c_l)v_j-\sum_{k=j+1}^{s+1}(c_{k-1}-c_k)v_{k-1}+\frac{c_l}{c_{l-1}}\sum_{k=l}^{s+1}(c_{k-1}-c_k)v_{k-1}$$

将后两项合并可得

$$(c_j-c_l)\ v_j+\ [\ (c_{l-1}-c_l)\ v_{l-1}+\ (c_l-c_{l+1})\ v_l+\ldots+(c_{j-1}-c_j)\ v_{j-1}]\ +(\frac{c_l}{c_{l-1}}-1)\sum_{k=l}^{s+1}(c_{k-1}-c_k)v_{k-1}$$

整理合并同类项可得

$$(c_{l-1}-c_l)\ v_{l-1}+c_l\ (v_l-v_j)\ +c_{l+1}\ (v_{l+1}-v_l)\ +\ldots+c_j\ (v_j-v_{j-1})\ +(\frac{c_l}{c_{l-1}}-1)\sum_{k=l}^{s+1}(c_{k-1}-c_k)v_{k-1}$$

由于 $c_l>c_{l+1}>\ldots>c_j>0$，并且 $v_{l+1}-v_l<0$，…，$v_j-v_{j-1}<0$，则

$$\geqslant\ (c_{l-1}-c_l)\ v_{l-1}+c_l\ (v_l-v_j+v_{l+1}-v_l+\ldots+v_{j-1}-v_{l-2}+v_j-v_{j-1})\ +(\frac{c_l}{c_{l-1}}-1)\sum_{k=l}^{s+1}(c_{k-1}-c_k)v_{k-1}$$

$$=\ (c_{l-1}-c_l)\ v_{l-1}+(\frac{c_l}{c_{l-1}}-1)\sum_{k=l}^{s+1}(c_{k-1}-c_k)v_{k-1}$$

展开合并得

$$\frac{c_{l-1}-c_l}{c_{l-1}}[c_{l-1}v_{l-1}-\ (c_{l-1}-c_l)\ v_{l-1}-\ (c_l-c_{l+1})\ v_l-\ldots-(c_s-c_{s+1})\ v_s]$$

进一步化简

$$\frac{c_{l-1}-c_l}{c_{l-1}}\left[c_l v_{l-1}-(c_l-c_{l+1})\ v_l-(c_{l+1}-c_{l+2})\ v_{l+1}-\ldots-(c_s-c_{s+1})\ v_s\right]$$

由于 $v_{l-1} \geqslant v_l > 0$，化简得

$$\geqslant \frac{c_{l-1}-c_l}{c_{l-1}}\left[c_{l+1}v_l-(c_{l+1}-c_{l+2})\ v_{l+1}-\ldots-(c_s-c_{s+1})\ v_s\right]$$

依次进行下去，可得

$$\geqslant\ldots\geqslant \frac{c_{l-1}-c_l}{c_{l-1}}\left[c_s v_{s-1}-(c_s-c_{s+1})\ v_s\right]$$

$$\geqslant \frac{c_{l-1}-c_l}{c_{l-1}}c_{s+1}v_s > 0.$$

故式（4.12）成立。

综上所述，引理 4.2 得证。

定理 4.4 任意报价向量 $b \in \mathcal{B}^{NE}$ 是带预算约束的纳什均衡的充要条件为对所有广告主 $j \in N$ 有 $B_j \geqslant B_j^{**}$ 成立。

证明：（充分性）考虑报价向量 $b \in \mathcal{B}^{NE}$，其中所有广告主的预算满足 $B_j \geqslant B_j^{**}=c_{j-1}b_j^{UU^*}$。由定理 4.1，对任意 $j \in N$ 有 $B_j \geqslant B_j^{**}=c_{j-1}b_j^{UU^*} > c_j b_j$。再由定理 4.3 可知，对任意 $j \in N$，广告主 j 的报价向上偏离是无利可图的。

下面考虑广告主报价向下偏离的情形，假设广告主 j 的报价从 b_j 降低至 b_j'，使得报价排序变为

$$b_1 > b_2 > \ldots > b_{j-1} > b_{j+1} > \ldots > b_{j+k} > b_j' > b_{j+k+1} > \ldots > b_s$$

以至于广告主 j 排在第 $j+k$ 位。从而，广告主 $j+k$ 排在第 $j+k-1$ 位，广告主 $j+k-1$ 排在第 $j+k-2$ 位，依此类推。注意到广告主 $j+k$ 的支付为 b_j'，以及预算 $B_{j+k} \geqslant B_{j+k}{}^{**}=c_{j+k-1}$

$b_{j+k}^{UU^*} \geqslant c_{j+k-1} b_{j+k} > c_{j+k-1} b_j'$，可知广告主 $j+k$ 参与拍卖时间满足 $t = \frac{B_{j+k}}{c_{j+k-1} b_j'} > 1$，所以广告主 $j+k$ 始终占据广告位 $j+k-1$ 直到拍卖结束。又由于 $B_j \geqslant B_j^{**} = c_{j-1} b_j^{UU^*} \geqslant c_{j-1} b_j > c_{j+k} b_{j+k+1}$，故广告主 j 始终占据广告位 $j+k$ 不再偏离，直到拍卖结束。

广告主 j 报价向下偏离至第 $j+k$ 位后的收益为 c_{j+k} $(v_j - b_{j+k+1})$，而他在第 j 位时的收益为 c_j $(v_j - b_{j+1})$。由于 $b \in \mathcal{B}^{NE}$，所以 c_j $(v_j - b_{j+1})$ $\geqslant c_{j+k}$ $(v_j - b_{j+k+1})$。这说明广告主 j 的报价向下偏离是无利可图的。

综上所述，报价向量 $b \in \mathcal{B}^{NE}$ 是带预算约束的纳什均衡。充分性得证。

证明：（必要性）由引理 4.2 可知，报价向量 $b = (b_j^{UU^*})_{j \in N}$ 满足纳什均衡条件。假设报价向量 $b - (b_j^{UU^*})_{j \in N}$ 是带预算约束的纳什均衡。下面采用反证法证明。假设 b 中某广告主 j 的预算 $B_j < c_{j-1} b_j^{UU^*}$，由引理 4.1 可知，这个报价向量 $b \in \mathcal{B}^{NE}$ 不是带预算约束的纳什均衡，从而导致矛盾。必要性得证。

综上所述，定理 4.4 证毕。

定理 4.4 给出了广告主报价向量 b 为带预算约束的纳什均衡的充要条件。这个定理说明带预算的广告主 j 参与关键词拍卖时，为了达到自身收益最大，不需要事先设定过高的预算，只需要不低于 B_j^{**} 即可。这个预算恰好是所有纳什均衡下，广告主 $j-1$ 在第 $j-1$ 位支付价的上界。这样给定预算可以使广告主有效地控制关键词广告成本，防止资源浪费，以更加合理地使用有限的资金，将剩余资金投入生产中，从而达到企业效用最优。

五、搜索引擎收益

我们建立一个简单的关键词拍卖模型：只有一个广告位，拥有相同预算的两位广告主参与拍卖。他们的报价满足 $b_1 > b_2$，并且估价满足 $v_1 > v_2$，两位广告主的预算都为 B。简便起见，假设广告位的点击率为 $c = 1$，并且该模型采用 GSP 机制，同时广告主是完全信息的。

定理 4.5　当 $b_1 > b_2 > B$ 时，广告主报价向量 $b = (b_1, b_2)$ 是带预算约束的纳什均衡时，满足

$$\frac{v_1 + B}{v_1 B} \leqslant \frac{b_1 + b_2}{b_1 b_2} \leqslant \frac{v_2 + B}{v_2 B} \tag{4.13}$$

证明：由于广告主 1 满足纳什均衡不等式

$$c\frac{B}{cb_2}(v_1 - b_2) \geqslant c(1 - \frac{B}{cb_1})v_1 ,$$

化简可得

$$v_1 B(\frac{1}{b_1} + \frac{1}{b_2}) \geqslant v_1 + B$$

$$\frac{b_1 + b_2}{b_1 b_2} \geqslant \frac{v_1 + B}{v_1 B}.$$

而广告主 2 也满足纳什均衡不等式

$$c(1 - \frac{B}{cb_2})v_2 \geqslant c\frac{B}{cb_1}(v_2 - b_1) ,$$

化简可得

$$v_2 B(\frac{1}{b_1} + \frac{1}{b_2}) \leqslant v_2 + B$$

$$\frac{b_1+b_2}{b_1b_2}\leqslant\frac{v_2+B}{v_2B}$$

综上，可得

$$\frac{v_1+B}{v_1B}\leqslant\frac{b_1+b_2}{b_1b_2}\leqslant\frac{v_2+B}{v_2B}$$

定理4.5即证。

下面将通过一个具体算例，分析模型中搜索引擎的收益情况。

例4.3 令广告主估价 $v_1=6$，$v_2=4$，预算 $B=8$，则 $b_1=v_1=6$，$b_2=v_2=4$ 是带预算约束的纳什均衡，搜索引擎的收益为4。

在这个例子中，两位广告主都说真话，即报价等于自身估价。广告主1获得广告位，他的收益为 $u_1=t(v_1-b_2)=1\times(6-4)=2$，广告主2没有获得广告位，收益 $u_2=0$。若广告主1降低报价，即 $b_1<v_2=b_2=4$，$u_1'=(1-t')v_1=0<u_1$。若广告主2提高报价获得广告位，则他的报价 $b_2>v_1=b_1=6$，收益变为

$$u_2'=t''(v_2-b_1)=\frac{B}{b_1}(v_2-b_1)<0<u_2.$$

因此，报价向量 (b_1, b_2) 是带预算约束的纳什均衡。

又因为 $\frac{B}{b_2}>1$，所以广告主1参与拍卖的时间为 $t=1$。搜索引擎的收益为 $u^{SE}=b_2t=v_2=4$。

若预算大小处于两位广告主报价之间，即 $b_1>B\geqslant b_2$ 或 $b_2>B\geqslant b_1$ 时，则报价向量无法达到带预算约束的纳什均衡。因

为报价较低的广告主 j 初始收益为 0，而提高自身报价到 $b_j' \in (B, b_i)$ 时收益就会增加，所以这种情况下，广告主 j 有动机提高报价，其中 $i, j = 1, 2$。因此，只有预算 B 同时大于或同时小于两位广告主的报价 b_1 和 b_2 时，报价向量才可能达到带预算约束的纳什均衡。

定理 4.6　非劣势策略均衡，情况如下

（1）当 $B \geqslant v_1 > v_2$ 时，报价向量 $b = (b_1, b_2)$ 是带预算约束的纳什均衡的充要条件为 $b_1 = v_1$，$b_2 = v_2$。

（2）当 $v_1 > B \geqslant v_2$ 时，报价向量 $b = (b_1, b_2)$ 是带预算约束的纳什均衡的充要条件为 $b_1 = b_2 \in \left[B, \frac{2v_1B}{v_1 + B}\right]$ 或 $B \geqslant b_1 \geqslant v_2$，且 $b_1 > b_2$。

（3）当 $v_1 > v_2 > B$ 时，报价向量 $b = (b_1, b_2)$ 是带预算约束的纳什均衡的充要条件为 $b_1 = b_2 \in \left[\frac{2v_2B}{v_2 + B}, \frac{2v_1B}{v_1 + B}\right]$。

证明：（1）先证明必要性，考虑任一广告主 j，假设另一位广告主说真话，即 $b_k = v_k$，其中 $k \neq j$。广告主 j 的报价策略如表 4.4 所示：

表 4.4　广告主 j 的报价策略分析表

广告主 j 的报价策略	$v_j \leqslant v_k$	$v_j > v_k$
$b_j > v_j$	j 获胜，收益为 $v_j - v_k \leqslant 0$； j 未获胜，收益为 0	j 获胜，收益为 $v_j - v_k > 0$

续表

广告主j的报价策略	$v_j \leqslant v_k$	$v_j > v_k$
$b_j < v_j$	j未获胜，收益为0	j获胜，收益为 $v_j - v_k > 0$； j未获胜，收益为0
$b_j = v_j$	j未获胜，收益为0	j获胜，收益为 $v_j - v_k > 0$

由表4.4可知，广告主j说真话（$b_j = v_j$）是非劣势策略均衡。必要性得证。

再证充分性。当$B \geqslant v_1 > v_2$时，报价向量$b =$（b_1，b_2）满足$b_1 = v_1$，$b_2 = v_2$时，由于$\frac{B}{b_2} > 1$，则广告主1占据广告位的时间$t = 1$，所以广告主1在原位的收益为$ct(v_1 - b_2) = c(v_1 - v_2) > 0$。

若广告主1向下偏离到第二位，广告主2占据广告位的时间也等于1，此时广告主1的收益为0，所以广告主1没有动机降低报价；广告主2在原位的收益为0，而广告主2向上偏离后的收益为$ct'(v_2 - b_1) = c(v_2 - v_1) < 0$，所以广告主2也没有主动向上偏离的动机。综上所述，此时广告主报价向量$b = (b_1, b_2)$是带预算约束的纳什均衡。充分性得证。

（2）当$v_1 > B \geqslant v_2$时，报价向量需要分情况进行讨论。

（Ⅰ）若$b_2 > b_1$时，报价向量不是带预算约束的纳什均衡；若$b_2 > b_1 \geqslant B$时，预算$B \geqslant v_2$，则广告主2的收益为$u_2 = \frac{B(v_2 - b_1)}{b_1} < 0$，该报价向量没有达到均衡状态；若$B \geqslant$

$b_2 > b_1$，广告主1的收益 $u_1 = 0$，由于 $v_1 > B$，当广告主1的提高报价至 $b_1' \in (b_2, v_1)$ 时，他的收益满足 $u_1' = v_1 - b_2 > u_1 = 0$，所以这种情况下，报价向量也不是纳什均衡。

（Ⅱ）当 $b_1 > b_2 \geqslant B$ 时，报价向量是带预算约束的纳什均衡，则 $b_1 = b_2 \in \left[B, \frac{2v_1B}{v_1 + B}\right]$。

（充分性）当 $B \leqslant b = b_1 = b_2 \leqslant \frac{2v_1B}{v_1 + B}$ 时，广告主1获得广告位，拍卖时间为 $t = \frac{B}{b}$，他的收益为 $u_1 = t(v_1 - b) > 0$，而广告主2的收益为 $u_2 = (1 - t)v_2 > 0$。若广告主1降低报价至 $b_1' < b$，则广告主2获得广告位，拍卖时间变为 $t' = \frac{B}{b_1'} > t$，则广告主1的收益变为 $u_1' = (1 - t')v_1$。因此，广告主1报价向下偏离后的收益变化为 $u_1 - u_1' = t(v_1 - b) - (1 - t')v_1 > t(v_1 - b) - (1 - t)v_1 = \frac{2v_1B}{b} - (v_1 + B) > v_1 + B - (v_1 + B) = 0$，所以广告主1向下偏离后无利可图。若广告主2提高报价至 $b_2' > b$，拍卖时间仍为 $t = \frac{B}{b}$，收益变为 $u_2' = t(v_2 - b)$，则广告主2报价向上偏离后的收益变化为 $u_2 - u_2' = (1 - t)v_2 - t(v_2 - b) = v_2 + B - 2v_2t = v_2 + B - \frac{2v_2B}{b} \geqslant v_2 + B - \frac{2v_2B}{B} = B - v_2 \geqslant 0$，故广告主2向上偏离后无利可图。综上所述，两位广告主的报价偏离都无利可图，故这种情形下，报价向量 $b = (b_1, b_2)$ 是带预算约束的纳什均衡。

（必要性）当报价向量 $b=(b_1,b_2)$ 是带预算约束的纳什均衡时，为使自身收益最大化，广告主 2 会将报价逐渐趋于 b_1，导致广告主 1 提前退出拍卖，从而在均衡时满足 $b_1=b_2=b$，将其代入式（4.13）可得

$$\frac{v_1+B}{v_1B}\leqslant\frac{2b}{b^2}\leqslant\frac{v_2+B}{v_2B}$$

化简后得

$$\frac{2v_2B}{v_2+B}\leqslant b\leqslant\frac{2v_1B}{v_1+B}$$

而 $b\geqslant B\geqslant\frac{2v_2B}{v_2+B}$，故 $b=b_1=b_2\in\left[B,\ \frac{2v_1B}{v_1+B}\right]$。

（Ⅲ）当 $B\geqslant b_1>b_2$ 时报价向量是带预算约束的纳什均衡，则 $b_1\in[v_2,\ B]$。

（充分性）当 $b_1\subset[v_2,\ B]$，此时广告主 1 获得广告位。若广告主 1 降低报价，则 $u_1'\leqslant u_1$，故广告主 1 没有向下偏离的动机；若广告主 2 提高报价至 $b_2'>b_1$，他获得广告位，则其收益 $u_2'=v_2-b_1<0$，所有广告主 2 也没有向上偏离的动机。这种情况报价向量是带预算约束的纳什均衡。

（必要性）当 $B\geqslant b_1>b_2$ 时，报价向量是带预算约束的纳什均衡，两位广告主的收益分别为 $u_1=v_1-b>0$，$u_2=0$。若 $b_1<v_2$，广告主 2 报价提高至 $b_2'\in(b_1,\ B)$ 时，其收益变为 $u_2'=v_2-b_1>u_2=0$。而广告主 2 报价需要满足向上偏离无利可图，即 $u_2'=v_2-b_1<u_2=0$，故可得 $b_1\geqslant v_2$。综上，广告主 1 报价满足 $B\geqslant b_1\geqslant v_2$。

（Ⅳ）广告主 2 的报价 $b_2<v_2$ 是他的一个弱劣势策略。

假设广告主2的报价满足 $b_2 < v_2$ 。当广告主1的报价满足 $b_1 \geqslant B > v_2$ 或 $B > b_1 \geqslant v_2$ 时，广告主2的收益 $u_2 = 0$ 。当广告主1的报价满足 $B > v_2 > b_1$ 时，若广告主2的报价 $b_2 > b_1$ ，其收益为 $u_2 = v_2 - b_1 > 0$ ；若广告主2的报价 $b_2 \leqslant b_1$ ，其收益为 $u_2 = 0$ 。当广告主2的报价 $b_2 = v_2$ 时，其收益 $u_2 = v_2 - b_1 > 0$ 。由此可知，广告主2的报价策略 $b_2 = v_2$ 弱占优于策略 $b_2 < v_2$ 。

（V）广告主2的报价 $b_2 > v_2$ 是他的一个非劣势策略。

假设广告主2的报价满足 $b_2 > v_2$ 。当广告主1的报价满足 $b_1 \geqslant B > v_2$ 时，广告主2的收益为 $u_2 = 0$ 。当广告主1的报价满足 $B > b_1 \geqslant v_2$ 时，若广告主2的报价 $b_2 > b_1$ ，其收益为 $u_2 = v_2 - b_1 < 0$ ；若广告主2的报价 $b_2 \leqslant b_1$ ，其收益为 $u_2 = 0$ 。当广告主1的报价满足 $B > v_2 > b_1$ 时，广告主2的收益为 $u_2 = v_2 - b_1 > 0$ 。

综上所述，当 $v_1 > B \geqslant v_2$ 时，报价向量 $b = (b_1, b_2)$ 是带预算约束的纳什均衡的充要条件为 $b_1 = b_2 \in \left[B, \dfrac{2v_1 B}{v_1 + B}\right]$ 或 $B \geqslant b_1 \geqslant v_2$ 。

（3）当广告主的预算满足 $v_1 > v_2 > B$ 时，分析报价向量 $b = (b_1, b_2)$ 的均衡条件。首先，证明当 $B \geqslant b_1 > b_2$ 时，报价向量 b 不是带预算约束的纳什均衡。因为当 $b_2{}' \in (B, v_2)$ 时，广告主2的收益大于0，而他的初始收益为0，故广告主2提高报价后收益增加，有利可图。其次，报价向量 b 满足 $b_1 > B \geqslant b_2$ 也不是带预算约束的纳什均衡，此时广告主2收益为 u_2

$=0$。若广告主 2 报价提高至 $b_2' \in (B, b_1)$ 时，广告主 1 的拍卖时间变为 $t' = \frac{B}{b_2'} < 1$，此时广告主 2 的收益为 $u_2' = (1 - t')v_2 > 0$，即广告主 2 报价向上偏离有利可图。因此，只有当 $b_1 > b_2 \geqslant B$ 时，报价向量 b 才能够达到均衡状态。

（充分性）当 $b = b_1 = b_2 \in \left[\frac{2v_2B}{v_2+B}, \frac{2v_1B}{v_1+B}\right]$ 时，广告主 1 获得广告位，他的拍卖时间为 $t = \frac{B}{b}$，其收益为 $u_1 = t(v_1 - b) > 0$，而广告主 2 的收益为 $u_2 = (1-t)v_2 > 0$。假设广告主 1 报价降低至 $b_1' < b$，广告主 2 获得广告位，拍卖时间变为 $t' = \frac{B}{b_1'} > t$，故广告主 1 的收益变为 $u_1' = (1-t')v_1$，从而广告主 1 报价向下偏离后的收益变化为

$$u_1 - u_1' = t(v_1 - b) - (1-t')v_1 > t(v_1 - b) - (1-t)v_1 = \frac{2v_1B}{b} - (v_1 + B) > v_1 + B - (v_1 + B) = 0,$$

即广告主 1 报价向下偏离后无利可图。

假设广告主 2 提高其报价至 $b_2' > b$，拍卖时间仍为 $t = \frac{B}{b}$，收益 $u_2' = t(v_2 - b)$。广告主 2 报价向上偏离后的收益变化为

$$u_2 - u_2' = (1-t)v_2 - t(v_2 - b) = v_2 + B - 2v_2t = v_2 + B - \frac{2v_2B}{b} > v_2 + B - \frac{2v_2B}{B} = B - v_2 \geqslant 0,$$

即广告主 2 报价向上偏离后无利可图。因此，两位广告主都没有改变自身报价的动机。这种

情况下，报价向量 $b = (b_1, b_2)$ 是带预算约束的纳什均衡。

（必要性）当报价向量 $b = (b_1, b_2)$ 是带预算约束的纳什均衡时，广告主 2 为提高自身收益，他会将报价 b_2 逐渐趋近于 b_1，从而使广告主 1 提前退出拍卖。因此达到均衡状态时有 $b_1 = b_2 = b$，将其代入式（4.13）可得

$$\frac{v_1 + B}{v_1 B} \leqslant \frac{2b}{b^2} \leqslant \frac{v_2 + B}{v_2 B}$$

化简后可得

$$\frac{2v_2 B}{v_2 + B} \leqslant b \leqslant \frac{2v_1 B}{v_1 + B},$$

此时 $b = b_1 = b_2 \in \left[\frac{2v_2 B}{v_2 + B}, \frac{2v_1 B}{v_1 + B}\right]$。

综上所述，定理 4.6 证毕。

定理 4.7　在非劣势策略均衡下，搜索引擎的收益为

$$u^{SE} = \begin{cases} v_2, & B \geqslant v_1 > v_2 \\ b_2 \ or \ B, & v_1 > B \geqslant v_2 \\ B, & v_1 > v_2 > B \end{cases} \tag{4.14}$$

证明：（1）当广告主的预算满足 $B \geqslant v_1 > v_2$ 时，报价向量 $b = (b_1, b_2)$ 的均衡条件为 $b_1 = v_1$，$b_2 = v_2$。这种情况下，广告主 1 获得广告位，由于 $\frac{B}{b_2} > 1$，所以他的拍卖时间为 $t = 1$。搜索引擎的收益 $u^{SE} = b_2 t = v_2$。

（2）当广告主的预算满足 $v_1 > B \geqslant v_2$ 时，报价向量 $b = (b_1, b_2)$ 的均衡条件为 $b_1 = b_2 \in \left[B, \frac{2v_1 B}{v_1 + B}\right]$ 或 $B \geqslant b_1 \geqslant v_2$，且 $b_1 > b_2$。

当报价向量 $b=(b_1,b_2)$ 的均衡条件为 $b_1=b_2\in[B,\frac{2v_1B}{v_1+B}]$ 时，搜索引擎的收益 $u^{SE}=b_2t=\frac{b_2B}{b_2}=B$；当报价向量 $b=(b_1,b_2)$ 的均衡条件为 $B\geqslant b_1\geqslant v_2$，且 $b_1>b_2$，广告主1的拍卖时间 $t=1$，搜索引擎的收益 $u^{SE}=b_2t=b_2\in[v_2,B]$。

（3）当广告主的预算满足 $v_1>v_2>B$ 时，报价向量 $b=(b_1,b_2)$ 的均衡条件为 $b_1=b_2\in\left[\frac{2v_2B}{v_2+B},\frac{2v_1B}{v_1+B}\right]$。

这种情况下，搜索引擎的收益为 $u^{SE}=b_2t=\frac{b_2B}{b_2}=B$。

六、不同均衡报价集的关系

这部分将讨论均衡报价集之间的关系。从极限角度考虑，无预算约束的情况也可以理解为预算是无穷大的，即广告主无预算约束可以看作是带预算约束的一种特殊情况。而带预算约束的情况，也可以认为是无穷大的预算逐渐减小到某个具体值。

下面将讨论带预算约束的纳什均衡（Nash Equilibrium with Budget－Constraints，NEBC）与纳什均衡的关系、带预算约束的对称纳什均衡（Symmetric Nash Equilibrium with Budget－Constraints，SNEBC）与对称纳什均衡之间的关系，以及带预算约束的纳什均衡与带预算约束的对称纳什均衡的关系。

由 Koh（2013）的论文中命题 1 的叙述①可知，若广告主

① 如果广告主 j 的预算满足 $B_j<\widehat{B}_j^1:=c_jb_j^{LL}$，则不存在 $b\in\mathcal{B}^{SNE}$ 是一个带预算约束的对称纳什均衡。

的报价向量满足带预算约束的对称纳什均衡，则它一定满足对称纳什均衡，但反之并不一定成立，故带预算约束的对称纳什均衡是纳什均衡的真子集，即 SNEBC⊂SNE。如图 4.2 所示。

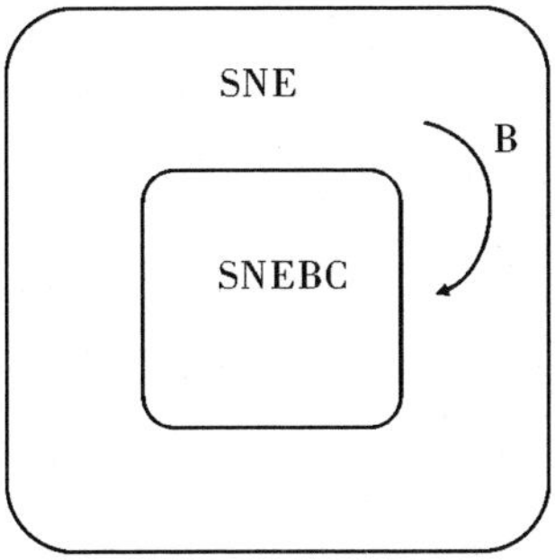

图 4.2　SNE 与 SNEBC 的关系

类似的，可以得到 NE 与 NEBC 之间的关系，由推论 4.1 可知，广告主的报价向量是带预算约束的纳什均衡时，则也一定是纳什均衡。不过，报价向量是纳什均衡并不一定满足带预算约束的纳什均衡条件。由此可知，带预算约束的纳什均衡是纳什均衡的真子集，即 NEBC⊂NE。如图 4.3 所示。

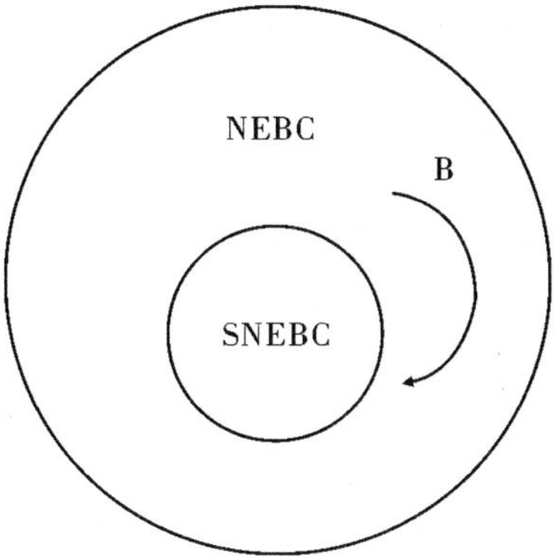

图 4.3　NE 与 NEBC 的关系

而 SNEBC 与 NEBC 之间的关系，与无预算约束时的情况类似。根据 Varian（2007）所著论文中的 Fact 4 可知，在无预算约束的情况下，有 SNE⊂NE①。而无预算约束可理解为预算无限大，随着预算的减少，尽管广告主参与竞价的时间逐渐缩短，但是广告主的支付规则采用的是 GSP 机制，即采用不同的均衡规则（纳什均衡或对称纳什均衡）不会对广告主的支付规则产生影响。因此，广告主参与竞价的时间不会改变，所在广告位的点击率也不会变化，广告主的收益也就不会发生变化，所以可以得到与无预算约束情况类似的结论。例如

$$c_j\ (v_j-b_{j+1})\ \geqslant c_l t\ (v_j-b_{l+1})\ \geqslant c_l t\ (v_j-b_l),\ \forall j,\ l.$$

因此，SNEBC⊂NEBC。如图 4.4 所示。

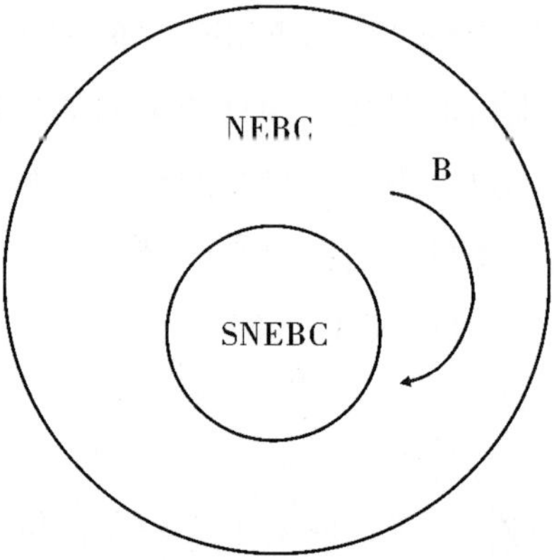

图 4.4　NEBC 与 SNEBC 的关系

① 由于 $c_j\ (v_j-b_{j+1})\ \geqslant c_l\ (v_j-b_{l+1})\ \geqslant c_l\ (v_j-b_l)$，$\forall j,\ l$，所以 SNE⊂NE。

七、本章小结

纳什均衡是由纳什教授最先提出的重要理论，它奠定了现代博弈理论和经济理论的根本基础。之前的学者研究关键词拍卖问题时，通常不考虑广告主带有预算约束的情况。但在实际情况中，广告主对于互联网广告的投放必然有预算约束的要求。本章中我们详细研究了基于纳什均衡的带预算约束的关键词拍卖问题，具体分为以下五个方面。

第一，推导出基于 NE 的广告主报价边界，并与 SNE 条件下的报价边界进行对比，发现两种均衡下的报价上界相同，而下界大小取决于排序的大小。这是由于 NE 中不向下偏离条件与 SNE 相同，而不向上偏离条件不同所导致的。第二，预算对于报价向量达到 NEB 具有显著影响。广告主只有具备充足的预算才能够持续参与竞拍，否则就要提前退出。此外，由于 GSP 机制的特点，若某位广告主预算分配较少，排位较低的广告主出于提高自身收益的目的，也会产生向上偏离的动机。通过研究发现，带预算的广告主向上偏离无利可图，除了需要满足 NE 条件外，预算 B_j 也不能低于 $c_j b_j$。而向下偏离的情况较为复杂，广告主的收益变化取决于所在广告位点击数与单次点击收益两者占优因素的变化趋势。第三，如果预算分配过少，报价向量无法达到 NEB，然而预算分配过多也不利于企业发展的整体规划，尤其是中小企业。因此，通过分析得到报价向量是 NEB 应满足的条件为预算 B_j 不低于 $c_{j-1} b_j^{UU^*}$。同类广告主在搜索引擎平台中参与关键词拍卖去竞拍广告位，除了可以提高企业的知名度外，更重要的目的是获得最优收益。广告预算的制定将直接影响企业成本，进而影响所获收益。主流搜索引擎需要参与竞拍的广告主提交报价和广告预算，方便广告主进行管控，以减少竞争对手的恶意点击。因此，该结论可以为参与关键词拍卖的广告主制定有效的预算策略提供理论依据，进而节约成本，实现收益最优，具有一定的实际意义。第四，从搜索引擎角度考虑，建立了一个特殊的关键词博弈模型，具有相同预算的两位广告主争夺一个广告位，给出两位广告主报价达到带预算约束的纳什均衡应满足的不等式组；讨论了广告主预算在两个估价的不同范围内，报价向量是带预算约束的纳什均衡需满足的充要条件；还根据此均衡条件，给出不同条件下搜索引擎的收益大小。第五，分析了不同报价集 NE 与 NEBC，SNE 与 SNEBC 以及 NEBC 与 SNEBC 之间的关系。

本章的创新包括两个方面。第一，基于 NE 条件，在关键词拍卖中引入广告主预算这一影响因素建立模型。通过对比 Koh 研究 SNE 中带预算约束的关键词拍卖模型，发现其中不向上偏离的不等式右侧广告主的支付价符合第三价格拍卖机制，而 NE 中使用的是广义第二价格拍卖 ，满足 GSP 机制，使结论更加可信。第二，在改进模型中，原 NE 条件不再成立。因为预算导致竞拍时间的产生，广告主参与拍卖存在退出机制，使得改进模型的均衡条件很难直接给出。通过对广告主报价向上和向下偏离的分析，逐步推导出广告主报价向量在预算约束下的 NE 条件，较之前的研究更符合实际情况。

广告主在搜索引擎平台投放关键词广告，最主要的目的是获取最大收益，而广告预算对于广告主控制成本，提高收益均有一定的影响。大多数搜索引擎平台要求广告主不仅要提交报价，还要给出预算，以便于广告主控制用户点击产生的广告费，防止恶意点击和无效点击。因此，本章结论对广告主制定关键词广告的预算策略具有一定的指导意义。

后续研究包括从理论上分析广告主降低（向下偏离）报价后自身收益是如何变化的。本章模型中的预算是外生给定的，一旦确定不能改变，即“硬预算约束”，但是在实际中，当广告主预算不足时，根据自身情况可以通过借贷或其他方式追加预算，即“软预算约束”。实际中关键词拍卖的情况更为复杂，很多参数和假设条件都不固定，例如广告主的数量、广告位数等。本章假设与实际情况还存在一定差距，今后可以调整假设条件，使研究结果更符合实际，在非完全信息下广告主报价向量达到带预算约束的纳什均衡时应满足的条件等。本章仅从广告主角度对带预算约束的均衡报价问题进行研究，今后可以从搜索引擎的角度分析在带预算约束的纳什均衡下，预算约束对搜索引擎收益的影响，以及搜索引擎如何改进机制设计可以使社会效率提高等问题。

第五章　基于 VCG 机制的带预算约束关键词拍卖研究

本章中我们将研究 VCG 机制下考虑预算约束的广告主参与关键词拍卖的报价策略及收益变化问题。预算约束是广告主制定报价策略的重要因素，直接影响广告主参与拍卖的时间，展示时间取决于广告主自身支付与预算，而广告主需要按用户点击数进行支付，所以当广告主支付总额超过预算约束，即预算耗尽，该展示广告就会立刻从搜索结果页面上撤下，无法继续参与拍卖。在缺少带预算约束同类研究的前提下，本章的研究结果是对基于 VCG 机制的关键词拍卖理论的一个有效补充。

一、引言

VCG 机制是由著名经济学家 Vickery（1961）创立的一种拍卖理论，并由 Clarke（1971）与 Groves（1973）两位学者进行推广和发展。在 VCG 机制中，每位参与人的支付价等于因他参与拍卖而给其他参与人带来的效率损失总和，即：

$$M_i(v) = W(v_{-i}) - W_{-i}(v)$$

其中 $M_i(v)$ 为竞买人 i 的支付，$W(v_{-i})$ 与 $W_{-i}(v)$ 分别表示竞买人 i 没有参与拍卖时，其他竞买人产生的社会总福利以及竞买人 i 参与拍卖时，其他竞买人产生的社会总福利。而社会总福利等于竞买人的预期总收益与预期支付的和，所以 VCG 机制没有对社会福利造成损失，所以该机制是一种有效机制。Edelman（2007）还指出说真话（即 $b_i = v_i$）是 VCG 机制的一个占优策略。

Koh（2013）采用 GSP 机制，刻画了带预算约束的广告主参与关键词拍卖时的报价策略问题。该文分别从广告主角度和搜索引擎角度进行研究，给出了广告主报价向上偏离无利可图的充要条件，分析了报价向下偏离后会出现的不同情况，并进行说明，找出广告主报价向量是带预算约束的对称纳什均衡的充要条件。受此文献的启发，本章在带预算约束的关键词拍卖模型中改用 VCG 拍卖机制，研究了广告主改变报价策略对自身收益的影响。首先给出无预算约束状态下，报价向量满足局部无嫉妒纳什均衡与全局无嫉妒纳什均衡的条件。在此基础上，考虑广告主的预算约束。由于 VCG 机制的特点，此时每位广告主参与拍卖的时间会受到排在后面的其他广告主的报价的影响，所以广告主会产生主动改变报价的动机。而广告主提高报价会使排在前位的广告主增加支付的费用，若该广告主在预算耗尽后退出拍卖，后续广告主将依序上升一位，占有的广告位点击率提高，自身收益发生改变。论文在此背景下，给出了广告主向上偏离无利可图的充要条件，同时分析了广告主向下偏离时的情况，最终给出广告主报价向量是带预算约束的全局无嫉妒均衡时的充要条件。这是对现有关于 VCG 机制关键词拍卖文献的扩展。

二、关键词拍卖模型描述

搜索引擎使用 VCG 支付机制，并考虑广告主的预算约束，基于该机制研究广告主报价的均衡条件。下面介绍基于 VCG 机制的带预算约束的关键词拍卖模型。

（一）带预算约束的关键词拍卖模型

假设模型中有 n 位广告主，s 个广告位，广告主集合 $N = \{1,2,\ldots,n\}$，广告位集合 $S = \{1,2,\ldots,s\}$，令 $n = s$。广告主 i 的每次点击估价为 v_i，广告位 j 的点击率为 c_j，广告主 i 的报价为 b_i，广告主 i 的预算为 B_i，其中 $i \in N$，$j \in S$。保留价为0。

整个拍卖过程都是完全信息，即广告位数量、点击率及参与博弈的广告主的估价和报价都是公开的。根据用户的关注度不同，广告位点击率满足 $c_1 > c_2 > \ldots > c_s > 0$。广告主根据自身报价获得广告位，按从高到低顺序依次进行编号，其中广告主 j 获得广告位 j，并且 $v_j \geqslant v_{j+1}$，$b_j \geqslant b_{j+1}$，其中 $j \in N$。而广告主的预算应满足自身支付，即 $B_i \geqslant p_i$，其中 $i \in N$。拍卖时间仍然设置为1。

（二）静态 VCG 机制下的支付函数

在静态博弈模型中，VCG 机制的总支付函数为

$$p_k^V(b) = \left[\sum_{i=1}^{k-1} c_i b_i + \sum_{i=k+1}^{s} c_{i-1} b_i\right] - \left[\sum_{i=1}^{k-1} c_i b_i + \sum_{i=k+1}^{s} c_i b_i\right]$$

其中 p_k^V 表示广告主获得第 k 个广告位时的支付价，即该广

告主的支付为参与拍卖对其他广告主造成的总效率损失。化简后可得

$$p_k^V(b) = \sum_{i=k+1}^{s}(c_{i-1} - c_i)b_i = \sum_{i=k}^{s-1}(c_i - c_{i+1})b_{i+1} \qquad (5.1)$$

本章中，p_k 表示广告主 k 获得广告位 k 的总支付，其中 $k \in S$。

（三）局部无嫉妒纳什均衡

定义 5.1　与 GSP 机制类似，基于 VCG 机制下的局部无嫉妒纳什均衡中，报价向量 b 需要满足下列两个不等式，对任意的 $i = 2,\ldots,s$，有

$$c_i v_i - p_i \geqslant c_{i-1} v_i - p_{i-1} \qquad (5.2)$$

以及对任意的 $i = 1,\ldots,s-1$，有

$$c_i v_i - p_i \geqslant c_{i+1} v_i - p_{i+1} \qquad (5.3)$$

上述两式表明在这种情形下，广告主 i 无法通过与相邻广告主交换广告位（$i-1$，$i+1$）而提高收益。当报价向量 b 中的任意报价 b_i 满足不等式（5.2）和（5.3）时，则在 VCG 机制下，该报价向量 b 达到局部无嫉妒纳什均衡。

定理 5.1　在局部无嫉妒纳什均衡中，广告主 i 支付的下界为

$$p_i^{LL} = \sum_{k=i}^{s-1}(c_k - c_{k+1})v_{k+1} \qquad (5.4)$$

证明：由式（5.2）可得

$$p_{i-1} \geqslant (c_{i-1} - c_i)v_i + p_i$$

所以 p_i 满足

$$p_i \geqslant (c_i - c_{i+1})v_{i+1} + p_{i+1}$$

将上式继续递推下去，有

$$p_i \geqslant (c_i - c_{i+1})v_{i+1} + p_{i+1} \geqslant (c_i - c_{i+1})v_{i+1} + (c_{i+1} - c_{i+2})v_{i+2} + p_{i+2}$$

$$\geqslant \ldots \geqslant (c_i - c_{i+1})v_{i+1} + \ldots + (c_{s-1} - c_s)v_s + p_s$$

而由于 $n = s$，且保留价为0，所以广告主 s 的支付 $p_s = 0$，故

$$p_i \geqslant (c_i - c_{i+1})v_{i+1} + \ldots + (c_{s-1} - c_s)v_s = \sum_{k=i}^{s-1}(c_k - c_{k+1})v_{k+1}$$

令 $p_i^{LL} = \sum_{k=i}^{s-1}(c_k - c_{k+1})v_{k+1}$，则广告主 i 支付满足 $p_i \geqslant p_i^{LL}$，其中 $i \in N$。

定理 5.2　在局部无嫉妒纳什均衡中，广告主 i 支付的上界为

$$p_i^{UU} = \sum_{k=i}^{s-1}(c_k - c_{k+1})v_k \tag{5.5}$$

证明：由（5.3）式可得：

$$p_i \leqslant (c_i - c_{i+1})v_i + p_{i+1}$$

继续递推下去

$$p_i \leqslant (c_i - c_{i+1})v_i + p_{i+1} \leqslant (c_i - c_{i+1})v_i + (c_{i+1} - c_{i+2})v_{i+1} + p_{i+2}$$

$$\leqslant \ldots \leqslant (c_i - c_{i+1})v_i + \ldots + (c_{s-1} - c_s)v_{s-1} + p_s$$

而由于 $n = s$，且保留价为0，所以广告主 s 的支付 $p_s = 0$，故

$$p_i \leqslant (c_i - c_{i+1})v_i + \ldots + (c_{s-1} - c_s)v_{s-1} = \sum_{k=i}^{s-1}(c_k - c_{k+1})v_k$$

令 $p_i^{UU} = \sum_{k=i}^{s-1} (c_k - c_{k+1}) v_k$，则广告主 i 的支付满足 $p_i \leqslant p_i^{UU}$，其中 $i \in N$。

定理 5.3　报价向量 b 是局部无嫉妒纳什均衡的充要条件为该向量中任意广告主 i 的报价满足 $v_{i-1} \geqslant b_i \geqslant v_i$，其中 $i = 2,\ldots,n$。

证明：（必要性）假设报价向量 b 满足局部无嫉妒纳什均衡，由式（5.2）可得

$$c_i v_i - p_i - (c_{i-1} v_i - p_{i-1}) \geqslant 0 \tag{5.6}$$

将式（5.1）代入，化简得

$$(c_i - c_{i-1})(v_i - b_i) \geqslant 0 \tag{5.7}$$

由于 $c_{i-1} > c_i > 0$，易得 $b_i \geqslant v_i$。

同理，由式（5.3）可得

$$c_i v_i - p_i - (c_{i+1} v_i - p_{i+1}) \geqslant 0 \tag{5.8}$$

将式（5.1）代入，化简得

$$(c_i - c_{i+1})(v_i - b_{i+1}) \geqslant 0 \tag{5.9}$$

由于 $c_i > c_{i+1} > 0$，可得 $b_i \leqslant v_{i-1}$。

综上所述，$v_{i-1} \geqslant b_i \geqslant v_i$。

证明：（充分性）假设报价向量 b 中任意广告主 i 的报价满足 $v_{i-1} \geqslant b_i \geqslant v_i$，可得式（5.7），所以当 $i > 1$ 时，式（5.6）显然成立。

同理可得，式（5.8）也成立。因此，报价向量 b 是 LEFNE。

定理 5.3 得证。

（四）全局无嫉妒纳什均衡

定理 5.4 在 VCG 机制下的局部无嫉妒纳什均衡等价于全局无嫉妒纳什均衡（A Globally Envy - Free Nash Equilibrium, GEFNE），则需满足下列不等式

$$c_i v_i - p_i \geqslant c_j v_i - p_j, \forall i, j. \tag{5.10}$$

证明：

（1）当 $i \geqslant j$ 时，由式（5.2）可得

$$p_{i-1} - p_i \geqslant (c_{i-1} - c_i) v_i \tag{5.11}$$

$$p_{i-2} - p_{i-1} \geqslant (c_{i-2} - c_{i-1}) v_{i-1} \tag{5.12}$$

由于 $v_{i-1} \geqslant v_i > 0$，化简式（5.12）可得

$$p_{i-2} - p_{i-1} \geqslant (c_{i-2} - c_{i-1}) v_i \tag{5.13}$$

将式（5.11）与式（5.13）两端相加后得

$$p_{i-2} - p_i \geqslant (c_{i-2} - c_i) v_i \tag{5.14}$$

依此方式继续进行下去得到

$$p_j - p_i \geqslant (c_j - c_i) v_i \tag{5.15}$$

即 $c_i v_i - p_i \geqslant c_j v_i - p_j$。

（2）当 $i < j$ 时，由式（5.3）可得

$$(c_i - c_{i+1}) v_i \geqslant p_i - p_{i+1} \tag{5.16}$$

$$(c_{i+1} - c_{i+2}) v_{i+1} \geqslant p_{i+1} - p_{i+2} \tag{5.17}$$

由于 $v_i \geqslant v_{i+1} > 0$，式（5.17）可化为

$$(c_{i+1} - c_{i+2}) v_i \geqslant p_{i+1} - p_{i+2} \tag{5.18}$$

将式（5.16）与式（5.18）两端相加可得

$$(c_i - c_{i+2}) v_i \geqslant p_i - p_{i+2} \tag{5.19}$$

依此方式进行下去可得

$$(c_i - c_j)v_i \geqslant p_i - p_j \tag{5.20}$$

即 $c_i v_i - p_i \geqslant c_j v_i - p_j$。

综上所述，对任意的 $i, j \in N$，式（5.10）都成立。

同时易知，全局无嫉妒纳什均衡一定是局部无嫉妒纳什均衡（$i = j-1$，$j+1$），故两均衡等价。定理5.4得证。

三、广告主均衡报价

这一节将研究在带预算约束的情况下，报价向量 b 在VCG机制下达到带预算约束的全局无嫉妒纳什均衡的条件。选取任意一位广告主 j，分析其报价向上或向下偏离后，其余广告主报价维持不变时的收益变化。如果广告主 j 交换到新位置后无利可图，表明初始状态已经是均衡状态。广告主参与关键词拍卖的时间长度主要取决于预算约束，若分配的预算耗尽，广告主就无法继续参与博弈。这种情况与不考虑广告预算的模型有较大区别，广告主可以制定不同的报价策略以获取更大收益。当所有参与竞价的广告主都不打算改变报价，即在原广告位所获收益最大时，该报价向量达到均衡状态。

定义5.2 假设广告主 j 的报价为 b_j，分配到的广告位为 $d(j)$，支付为 p_j，预算给定为 B_j，其中 $j \in N$。则称报价向量 $b = (b_1, b_2, \ldots, b_n)$ 是带预算约束的全局无嫉妒纳什均衡，如果：

（1）报价向量 $(b_j)_{j \in N} \in \mathcal{B}^{GEFNE}$。

（2）每位参与竞拍的广告主需要考虑广告预算。若广告主的支付不超过自身预算，即 $p_j \leqslant B_j$，则广告主 j 不会提前退出竞拍，一直占据广告位 $d(j)$；若广告主支付大于自身预算，即 $p_j > B_j$，则广告主 j 预算不足，必须提前退出竞拍，其中 $j \in N$。

（3）若参与竞拍的广告主向上偏离占据排位靠前的广告位后，收益小于在原位的收益；向下偏离占据排位靠后的广告位后，收益也小于在原位的收益，即广告主提高报价无利可图，降低报价也无利可图。

（一）广告主报价向上偏离

定理 5.5 考虑一个报价向量 $(b_j)_{j\in N} \in \mathcal{B}^{GEFNE}$，满足对所有 $j \in N$ 都有 $p_j \leqslant B_j$。假设广告主 j 不能提前退出拍卖，则他提高报价（向上偏离）无利可图的充要条件为广告主 j 提高报价后，排在他前一位的广告主 l 的预算满足

$$B_l \geqslant \bar{B}_l^* = \sum_{k=l}^{j-1}(c_k - c_{k+1})b_k + \sum_{k=j}^{s-1}(c_k - c_{k+1})b_{k+1}$$

证明：（充分性）假设报价向量 $b = (b_j)_{j\in N} \in \mathcal{B}^{GEFNE}$，对广告主 $j \in N$ 都有 $B_j \geqslant p_j$，其中广告主 j 的收益为 $c_j v_j - p_j$。若广告主 j 将自身报价提高至 b_j'，则新的报价排序为

$$b_1 > b_2 > \dots > b_{j-k} > b_j' > b_{j-k+1} > \dots > b_{j-1} > b_{j+1} > \dots > b_s$$

广告主 j 占据广告位 $j-k+1$，广告主 $j-k$ 的支付为

$$p_{j-k}' = (c_{j-k} - c_{j-k+1})b_j' + \sum_{k=j-k+1}^{j-1}(c_k - c_{k+1})b_k + \sum_{k=j}^{s-1}(c_k - c_{k+1})b_{k+1}$$

由于广告主 $j-k$ 的预算满足 $B_{j-k} \geqslant \bar{B}_{j-k}^*$，而

$$\bar{B}_{j-k}^{*}=\sum_{k=j-k}^{j-1}(c_k-c_{k+1})b_k+\sum_{k=j}^{s-1}(c_k-c_{k+1})b_{k+1}\geqslant p_{j-k}'$$

因此广告主 $j-k$ 不会提前退出拍卖，一直占据广告位 $j-k$ 直到拍卖结束。

广告主 j 提高报价后，根据 VCG 机制可知，支付价提高，但是由于广告主 j 不能提前退出拍卖，所以其预算满足 $B_j \geqslant p_j'$，则广告主 j 占据第 $j-k+1$ 位直到拍卖结束，此时广告主 j 的收益为 $c_{j-k+1}v_j-p_j'$。此时有

$$c_jv_j-p_j\geqslant c_{j-k+1}v_j-p_{j-k+1}\geqslant c_{j-k+1}v_j-p_j'$$

当式（5.10）中 $j=j-k+1$ 时，第一个不等式成立；对于第二个不等式，只需证明 $p_j'\geqslant p_{j-k+1}$，由于

$$p_j'=(c_{j-k+1}-c_{j-k+2})b_{j-k+1}+\ldots+(c_{j-1}-c_j)b_{j-1}+(c_j-c_{j+1})b_{j+1}+\ldots+(c_{s-1}-c_s)b_{s-1}$$

$$p_{j-k+1}=(c_{j-k+1}-c_{j-k+2})b_{j-k+2}+\ldots+(c_{j-1}-c_j)b_j+(c_j-c_{j+1})b_{j+1}+\ldots+(c_{s-1}-c_s)b_{s-1}$$

则

$$p_j'-p_{j-k+1}=(c_{j-k+1}-c_{j-k+2})(b_{j-k+1}-b_{j-k+2})+\ldots+(c_{j-1}-c_j)(b_{j-1}-b_j)\geqslant 0$$，即证。

综上，广告主 j 提高报价（向上偏离）无利可图，定理 5.5 充分性得证。

证明：（必要性）采用反证法。考虑报价向量 $b=(b_j)_{j\in N}\in\mathcal{B}^{GEFNE}$，对广告主 $j\in N$ 都有 $B_j\geqslant p_j$。假设某位广告主 j 的预算满足 $B_j<\bar{B}_j^{*}$，下面需证明广告主 $j+1$ 报价提高后有利可图。假设广告主 $j+1$ 的报价从 b_{j+1} 提高到 $b_{j+1}'=b_j-\varepsilon$，则广

告主j的支付为

$$p_j' = (c_j - c_{j+1})b_{j+1}' + \sum_{k=j+1}^{s-1}(c_k - c_{k+1})b_{k+1} \approx (c_j - c_{j+1})b_j + \sum_{k=j+1}^{s-1}(c_k - c_{k+1})b_{k+1} = \bar{B}_j^* .$$

因为$B_j < \bar{B}_j^* = p_j'$，所以广告主j会提前退出拍卖，拍卖时间$t = \frac{B_j}{p_j'} < 1$。在时刻t后，广告主j退出拍卖，广告主$j+1$上升到广告位j。新的报价排序变为

$$b_1 > b_2 > \dots > b_{j-1} > b_{j+1}' > b_{j+2} > \dots > b_s$$

故时刻t后，广告主$j+1$的支付为

$$p_{j+1}' = (c_j - c_{j+1})b_{j+2} + (c_{j+1} - c_{j+2})b_{j+3} + \dots + (c_{s-2} - c_{s-1})b_s \tag{5.21}$$

广告主$j+1$在拍卖期间内的总支付为$tp_{j+1} + (\min\{t',1\} - t)p_{j+1}'$，容易知道广告主$j+1$占据广告位$j+1$的时间为$t$，占据广告位$j$的时间为$t' - t$，其中$t'$满足$tp_{j+1} + (t' - t)p_{j+1}' = B_{j+1}$，由于广告主$j+1$不会提前退出拍卖，所以$t' \geqslant 1$。

故广告主$j+1$报价向上偏离后的收益变化为

$$t(c_{j+1}v_{j+1} - p_{j+1}) + (\min\{t',1\} - t)(c_j v_{j+1} - p_{j+1}') - (c_{j+1}v_{j+1} - p_{j+1}) \tag{5.22}$$

因为$t' \geqslant 1$时，所以式（5.22）等于

$$t(c_{j+1}v_{j+1} - p_{j+1}) + (1 - t)(c_j v_{j+1} - p_{j+1}') - (c_{j+1}v_{j+1} - p_{j+1})$$

化简得

$$(1 - t)(c_j - c_{j+1})v_{j+1} + (1 - t)(p_{j+1} - p_{j+1}') \tag{5.23}$$

将式（5.1）中$k = j + 1$和式（5.21）分别代入式

（5.23）得

$$(1-t)[(c_j-c_{j+1})v_{j+1}+(c_{j+1}-c_{j+2})b_{j+2}+\dots+(c_{s-1}-c_s)b_s$$
$$-(c_j-c_{j+1})b_{j+2}-(c_{j+1}-c_{j+2})b_{j+3}-\dots-(c_{s-2}-c_{s-1})b_s]$$

合并同类项可得

$$(1-t)[(c_j-c_{j+1})(v_{j+1}-b_{j+2})+(c_{j+1}-c_{j+2})(b_{j+2}-b_{j+3})$$
$$+\dots+(c_{s-2}-c_{s-1})(b_{s-1}-b_s)+(c_{s-1}-c_s)b_s] \tag{5.24}$$

由于定理 5.3 可知，当报价向量 $(b_j)_{j\in N}\in\mathcal{B}^{GEFNE}$ 时，广告主 $j+2$ 的报价满足 $b_{j+2}\leqslant v_{j+1}$，并且 $b_j>b_{j+1}>0$，其中 $j\in N$。故式（5.23）满足

$$(1-t)[(c_j-c_{j+1})(v_{j+1}-b_{j+2})+(c_{j+1}-c_{j+2})(b_{j+2}-b_{j+3})$$
$$+\dots+(c_{s-2}-c_{s-1})(b_{s-1}-b_s)+(c_{s-1}-c_s)b_s]>0$$

因此，广告主 $j+1$ 提高报价后收益增加，有利可图。必要性得证。

综上所述，定理 5.5 证毕。

由于 VCG 机制的支付规则比较复杂，对广告主参与拍卖的时间影响较大，所以定理 5.5 给出广告主报价向上偏离无利可图的条件较为严格。

下面用数值实例说明，模型中存在 4 个广告位，4 位广告主参与竞拍的情况。

例 5.1 广告位的点击率为 $c_1=10$，$c_2=8$，$c_3=5$，$c_4=2$，广告主的估价为 $v_1=10$，$v_2=7$，$v_3=5$，$v_4=2$，广告主报价分别为 $b_1=12$，$b_2=8$，$b_3=6$，$b_4=3$。具体信息见表 5.1。

表 5.1　广告主参与拍卖信息列表

广告位	广告主	点击率（c）	估价（v）	报价（b）	预算（B）
1	1	10	10	12	60
2	2	8	7	8	30
3	3	5	5	6	35
4	4	2	2	3	—

将广告主3作为分析对象，他的预算为 $B_3 = 35 > p_3 = 9$ 。广告主3初始状态的收益为 $u_3 = c_3v_3 - p_3 = 16$ 。若将广告主3报价提高至 $b_3' = 9 > b_2 = 8$ ，此时其支付价为 $p_3' = (c_2 - c_3)b_2 + (c_3 - c_4)b_4 = 33$，由于 $B_3 = 35 > p_3' = 33$ ，所以他不会提前退出拍卖。这时广告主3的收益为 $u_3' = c_2v_3 - p_3' = 7 < u_3$，即广告主3报价向上偏离后收益减小，无利可图。由于 $B_1 = 60 > \bar{B}_1^* = (c_1 - c_2)b_1 + (c_2 - c_3)b_2 + (c_3 - c_4)b_4 = 57$ ，根据定理5.5可知，广告主3的报价向上偏离后无利可图，符合算例中的收益变化情况。

若将广告主3的报价提高至 $b_3' = 8 - \varepsilon < b_2$ ，ε 为任意小的正实数，则广告主2的支付变为 $p_2' = (c_2 - c_3)b_3' + (c_3 - c_4)b_4 = 3 \times (8 - \varepsilon) + 3 \times 3 = 33 - 3\varepsilon \approx 33$ ，而广告主2的预算为 $B_2 = 30 < \bar{B}_2^* = p_2' = 33$ ，则广告主2的拍卖时间为 $t = \frac{B_2}{p_2'} = \frac{30}{33} < 1$ ，这时广告主3的支付为 $p_3' = (c_2 - c_3)b_4 = 3 \times 3 = 9 < B_3$ ，而且 $tp_3 + (1 - t)p_3' = 9 < B_3$ ，故广告主3不会提前退出。广告主3向上偏离后的收益为

$u_3' = t(c_3 v_3 - p_3) + (1-t)(c_2 v_3 - p_3') = 30 \times (5 \times 5 - 9)/33 + 3 \times (8 \times 5 - 9)/33 \approx 17.36$

则 $u_3' > u_3 = 16$，即广告主3的报价向上偏离有利可图，与定理5.5的必要性一致。

（二）带预算约束的全局无嫉妒纳什均衡

引理5.1 假设广告主j预算满足自身支付，即$B_j \geqslant p_j, j = 1, \ldots, s$。当广告主$j$的预算为$B_j < \bar{B}_j = p_{j-1} = \sum_{i=j-1}^{s-1}(c_i - c_{i+1})b_{i+1}$，其中$j = 2, \ldots, s-1$，则报价向量$b = (b_j)_{j \in N} = (v_{j-1})_{j \in N}$不满足带预算约束的全局无嫉妒纳什均衡。

证明：假设将报价向量$b = (b_j)_{j \in N}$中的广告主$j-1$的报价降低至$b_{j-1}' = b_j - \varepsilon$，则广告主$j$占据第$j-1$位，广告主$j-1$下降到第$j$位。这时广告主的报价排序变为

$$b_1 > b_2 > \ldots > b_{j-2} > b_j > b_{j-1}' > b_{j+1} > \ldots > b_s$$

又因为$B_j < \bar{B}_j$，则广告主j参与拍卖的时间为$t = \frac{B_j}{p_j'} < 1$，其中支付为

$$p_j' = (c_{j-1} - c_j)b_{j-1}' + (c_j - c_{j+1})b_{j+1} + \ldots + (c_{s-1} - c_s)b_s \approx p_{j-1} = \sum_{i=j-1}^{s-1}(c_i - c_{i+1})b_{i+1} = \bar{B}_j > B_j,$$

则广告主j将在时刻t从第$j-1$位退出竞价。

又因为

$$p_{j-2}' = (c_{j-2} - c_{j-1})b_j + (c_{j-1} - c_j)b_{j-1}' + \ldots + (c_{s-1} - c_s)b_s \approx (c_{j-2} - c_{j-1})b_j + (c_{j-1} - c_j)b_j + \ldots + (c_{s-1} - c_s)b_s$$

则 $B_{j-2} \geqslant p_{j-2} > p_{j-2}'$，故广告主 $j-2$ 会一直参与竞价直到拍卖结束。而广告主 $j-1$ 在时刻 t 后重新占据第 $j-1$ 位。由于 $b=(b_j)_{j\in N}=(v_{j-1})_{j\in N}$，所以广告主 j 的支付 $p_j=p_j^{UU}=\sum_{k=j}^{s-1}(c_k-c_{k+1})v_k$。因此，广告主 $j-1$ 报价向下偏离后的收益变化为

$$u_{j-1}'-u_{j-1}=t(c_jv_{j-1}-p_{j-1}')+(1-t)(c_{j-1}v_{j-1}-p_{j-1}'')-(c_{j-1}v_{j-1}-p_{j-1})$$

合并同类项得

$$[c_jt+c_{j-1}(1-t)-c_{j-1}]v_{j-1}-tp_{j-1}'-(1-t)p_{j-1}''+p_{j-1}$$

展开可得

$$(c_j-c_{j-1})tv_{j-1}-t[(c_j-c_{j+1})b_{j+1}+(c_{j+1}-c_{j+2})b_{j+2}+\ldots+(c_{s-1}-c_s)b_s]-(1-t)[(c_{j-1}-c_j)b_{j+1}+(c_j-c_{j+1})b_{j+2}+\ldots+(c_{s-2}-c_{s-1})b_s]+(c_{j-1}-c_j)b_j+\ldots+(c_{s-1}-c_s)b_s$$

将 $b=(b_j)_{j\in N}=(v_{j-1})_{j\in N}$ 代入得

$$(c_j-c_{j-1})tv_{j-1}-t[(c_j-c_{j+1})v_j+(c_{j+1}-c_{j+2})v_{j+1}+\ldots+(c_{s-1}-c_s)v_{s-1}]-(1-t)[(c_{j-1}-c_j)v_j+(c_j-c_{j+1})v_{j+1}+\ldots+(c_{s-2}-c_{s-1})v_{s-1}]+(c_{j-1}-c_j)v_{j-1}+\ldots+(c_{s-1}-c_s)v_{s-1}$$

整理得

$$(c_{j-1}-c_j)(1-t)v_{j-1}+(c_j-c_{j+1})(1-t)v_j+\ldots+(c_{s-2}-c_{s-1})(1-t)v_{s-2}+(c_{s-1}-c_s)(1-t)v_{s-1}-[(c_{j-1}-c_j)(1-t)v_j+(c_j-c_{j+1})(1-t)v_{j+1}+\ldots+(c_{s-2}-c_{s-1})(1-t)v_{s-1}]$$

合并得

$$(c_{j-1}-c_j)(1-t)(v_{j-1}-v_j)+\ldots+(c_{s-2}-c_{s-1})(1-t)(v_{s-2}$$

$-v_{s-1})+(c_{s-1}-c_s)(1-t)v_{s-1}$

而 $c_{j-1}>c_j>\ldots>c_s$ ，且 $v_{j-1}>v_j>\ldots>v_{s-1}>v_s>0$ ，因此 $u_{j-1}'-u_{j-1}>0$ 。

故广告主 $j-1$ 报价向下偏离后是有利可图的，此时报价向量 b 不满足带预算约束的全局无嫉妒纳什均衡，即证。

引理 5.2 报价向量 $b=(b_j)_{j\in N}=(v_{j-1})_{j\in N}$ 满足全局无嫉妒纳什均衡。

证明：由于 $b=(b_j)_{j\in N}=(v_{j-1})_{j\in N}$ ，所以广告主 j 的支付满足 $p_j=p_j^{UU}$ 。要证报价向量 b 是全局无嫉妒纳什均衡，只需证明

$$c_iv_i-p_i^{UU}\geqslant c_jv_i-p_j^{UU},\forall i,j$$

(1) 当 $j>i$ 时，有

$$c_iv_i-p_i^{UU}-(c_jv_i-p_j^{UU})=(c_i-c_j)v_i-p_i^{UU}+p_j^{UU}$$

由式（5.5）可得

$$(c_i-c_j)v_i-\sum_{k=i}^{s-1}(c_k-c_{k+1})v_k+\sum_{k=j}^{s-1}(c_k-c_{k+1})v_k$$

展开化简得

$$(c_i-c_j)v_i-(c_i-c_{i+1})v_i-\ldots-(c_{j-1}-c_j)v_{j-1}$$

前两项合并化简得

$$(c_{i+1}-c_j)v_i-(c_{i+1}-c_{i+2})v_{i+1}-\ldots-(c_{j-1}-c_j)v_{j-1} \quad (5.25)$$

由于 $v_i\geqslant v_{i+1}>0$ ，则式（5.25）可化简为

$$\geqslant(c_{i+2}-c_j)v_i-(c_{i+2}-c_{i+3})v_{i+2}-\ldots-(c_{j-1}-c_j)v_{j-1},$$

一直进行下去可得

$$\geqslant\ldots\geqslant(c_{j-1}-c_j)v_i-(c_{j-1}-c_j)v_{j-1}\geqslant 0。$$

（2）当$j < i$时，有

$$c_iv_i - p_i^{UU} - (c_jv_i - p_j^{UU}) = (c_i - c_j)v_i - p_i^{UU} + p_j^{UU}$$

由式（5.5）可得

$$(c_i - c_j)v_i - \sum_{k=i}^{s-1}(c_k - c_{k+1})v_k + \sum_{k=j}^{s-1}(c_k - c_{k+1})v_k$$

把$(c_i - c_j)v_i$放在最后，展开化简得

$$(c_j - c_{j+1})v_j + (c_{j+1} - c_{j+2})v_{j+1} + \ldots + (c_{i-1} - c_i)v_{i-1} + (c_i - c_j)v_i \quad (5.26)$$

由于$v_j \geqslant v_{j+1} > 0$，则式（5.26）可化为

$$\geqslant (c_j - c_{j+2})v_{j+1} + (c_{j+2} - c_{j+3})v_{j+2} + \ldots + (c_{i-1} - c_i)v_{i-1} + (c_i - c_j)v_i$$

一直进行下去可得

$$\geqslant \ldots \geqslant (c_j - c_i)v_{i-1} + (c_i - c_j)v_i \geqslant 0 \text{。}$$

综上，报价向量$b = (b_j)_{j \in N} = (v_{j-1})_{j \in N}$是全局无嫉妒纳什均衡，即证。

同理可证，报价向量$b = (b_j)_{j \in N} = (v_j)_{j \in N}$也是全局无嫉妒纳什均衡，证明过程详见附录C。

定理5.6 考虑任意报价向量$(b_j)_{j \in N} \in \mathcal{B}^{GEFNE}$，满足对所有$j \in N$都有$p_j \leqslant B_j$，则任意报价向量$b \in \mathcal{B}^{GEFNE}$是带预算约束的全局无嫉妒纳什均衡的充要条件为对于任意广告主j满足$B_j \geqslant \bar{B}_j = p_{j-1}, \forall j \in N$。

证明：（充分性）考虑一个报价向量$b \in \mathcal{B}^{GEFNE}$，因为对任意广告主$j$的预算满足$B_j > \bar{B}_j = p_{j-1} > \bar{B}_j^*, \forall j \in N$，由定理5.5可知，广告主报价向上偏离无利可图。下面分析广告主j

报价向下偏离的情况，假设广告主j将报价降低至b_j'，新的报价排序为

$$b_1 > b_2 > \dots > b_{j-1} > b_{j+1} > \dots > b_{j+k} > b_j' > b_{j+k+1} > \dots > b_s \quad (5.27)$$

由式（5.27）可知，这时广告主j占据第$j+k$位，从而广告主$j+k$提高至第$j+k-1$位，广告主$j+k-1$提高至第$j+k-2$位，以此类推下去，广告主$j+1$占据第j位。而广告主$j+k$的预算满足$B_{j+k} > \bar{B}_{j+k} = p_{j+k-1} > p_{j+k}'$，故广告主$j+k$一直占据第$j+k-1$位，广告主$j$一直占据第$j+k$位直到拍卖结束，他们都不会提前退出竞拍。广告主$j$报价向下偏离后的收益变为$c_{j+k}v_j - p_{j+k}$，根据GEFNE的定义，即式（5.10）中$j=j+k$时，有

$$c_j v_j - p_j \geqslant c_{j+k} v_j - p_{j+k}$$

即广告主j报价向下偏离后也无利可图。

因此，报价向量$b \in \mathcal{B}^{GEFNE}$是带预算约束的全局无嫉妒纳什均衡，充分性得证。

证明：（必要性）由引理5.2可知，$b = (b_j)_{j \in N} = (v_{j-1})_{j \in N}$是带预算约束的全局无嫉妒纳什均衡。假设$b = (v_{j-1})_{j \in N}$是带预算约束的全局无嫉妒纳什均衡。采用反证法证明，假设广告主j的预算满足$B_j < \bar{B}_j = p_{j-1}$，由引理5.1可知，报价向量$b = (v_{j-1})_{j \in N}$不是一个带预算约束的全局无嫉妒纳什均衡，与假设矛盾，故必要性得证。

综上所述，定理5.6成立。

定理5.6证明了报价向量$b \in \mathcal{B}^{GEFNE}$在考虑广告主的预算

约束时，仍能够达到全局无嫉妒纳什均衡的充要条件。显然当广告主的可用预算充分大时，该问题等价于无预算约束问题，根据定理 5.3 的结论，当广告主 j 的报价满足 $b_i \in [v_i, v_{i-1}]$，即可达到全局无嫉妒均衡状态。而从定理 5.6 可以看出，广告主无须花费过多的预算以获得最大收益，只要大于 $\bar{B}_j$ 即可，而 $\bar{B}_j$ 等于广告主 $j-1$ 在广告位 $j-1$ 支付的费用。这样做可以帮助广告主合理分配与使用预算，使社会效率达到最优。

四、本章小结

本章研究了基于 VCG 机制的带预算约束的关键词拍卖模型。Edelman 等（2007）给出说真话是 VCG 机制的占优策略均衡，而 Fukuda 等（2013）将 Edelman 提出的局部无嫉妒均衡（LEFNE）推广到 VCG 机制中，证明说真话也是局部无嫉妒均衡。不过这些研究都没有考虑广告主带有预算约束的情况。但是从商业角度来说，企业的广告投入占总预算的比例，都需要事先确定。而且某些企业根据产品不同的属性及特点，选取相关的搜索引擎及相关的关键词等，并制定相关的预算策略。

本章中，首先，根据关键词拍卖的基本假设条件构建了一个带预算约束的 VCG 机制拍卖模型，推导出满足 LEFNE 的广告主支付的上下界，给出广告主报价向量达到局部无嫉妒纳什均衡时广告主估价的取值，并证明局部无嫉妒均衡等价于全局无嫉妒纳什均衡；其次，构建了一个带预算约束的 VCG 机制拍卖模型，并由于 VCG 机制的支付特点，广告主为使排位靠前的竞争对手提前退出拍卖，存在提高报价的动机。当某位广告主的报价向上偏离，而保持其余广告主预算不变，分析了该广告主的收益变化情况，并用数值实例进行验证；再次，在VCG 机制下，给出广告主报价等于上界时，报价向量不满足带预算约束的全局无嫉妒纳什均衡的条件；最后，给出并证明在 VCG 机制下，广告主的报价向量是带预算约束的全局无嫉妒纳什均衡所应满足的充要条件。

本章中，我们深入分析了带预算约束的 VCG 拍卖机制的均衡报价问题，但是存在许多问题有待解决。第一，本章的研究侧重理论分析，由于 VCG 机制以及模型的复杂性，导致所得结论与实际情况有一定的差距，很难直接应用。今后需要在模型构建和研究方法上进行改进，例如运用数值模拟手段进行实证分析，从而更有效地指导理论研究，以期所得结论更符合真实环境。第二，广告主可能会出于减少竞争对手预算的目的点击其他人的关键词广告，但是他对该广告并不感兴趣，更不会产生交易行为，只是为了尽早耗尽对手的预算致其退出，这种点击被称为“欺诈点击”（Wilbur 和 Zhu，2009），今后可以探究点击欺诈对广告主制定预算策略及收益变化产生何种影响。第三，本章针对的是静态博弈，即只进行一轮拍卖的情况，未来可以扩展到多轮拍卖的情况。第四，本章从广告主角度研究其收益最大化的问题，如果从搜索引擎角度进行考虑，在 VCG 机制下，考虑预算约束会如何影响搜索引擎的收益变化，以及搜索引擎如何进行机制设计改进去提高收益等。例如搜索引擎设置参与拍卖广告主预算的门槛，减少广告主间的竞争所产生的负面影响，保证了自身的收益。

第六章　展示时间对广告主收益的影响

本章针对 Koh（2013）论文中带预算约束的关键词拍卖模型中最长广告展示时间设置为单位时间 1 的假设进行拓展，根据广告主自身情况，将最长展示时间调整为不再固定不变。在之前两章中，若广告主预算耗尽的时间小于等于拍卖时间，则提前退出拍卖；若某广告主预算充足，则他不会提前耗尽退出拍卖，而是始终占据广告位，直到拍卖结束。本章假设关键词广告展示不再设置统一的结束时间，只有当广告主预算耗尽时才会退出拍卖。在此假设下，广告主 i 的预算在整个拍卖过程中的总支付值就等于预算值，即 $P_i = p_i t_i = B_i$。而广告主的收益由自身估价、报价、预算、所占据广告位的点击率与广告展示时间共同决定。下面将讨论在展示时间不固定的条件下，当报价向上偏离与向下偏离时，广告主收益会如何变化，是否有利可图，以及能否达到均衡状态等问题。

一、引言

搜索引擎可以使人们更方便地获取所需信息，很多网民将搜索引擎作为上网的重要入口。根据权威研究公司 Forrester 的调查数据表明，2015 年底，全球搜索引擎用户达到 18.57 亿，并且每年仍以 10% 的速度增长，稍高于全球网络用户每年 8% 的增长速度，市场规模约为 815.9 亿美元①。报告还显示，大部分网民只会关注或点击搜索结果页面排在前十位左右的网页链接，仅有不到 1% 的搜索用户会浏览排在 30 位之后的搜索结果，该结论普遍适用于使用不同语言及不同国籍的网民。每个广告商都希望自己的产品获得更高的关注度，自己的网站得到更多用户的有效点击。而搜索引擎营销可以帮助广告主在搜索引擎网站上取得好的排名，进而提高自身收益。

在搜索引擎营销领域，关键词广告始终是最重要的组成部分。而预算分配并不是一个独立的问题，它与广告推广效果、广告主报价策略及搜索引擎的收益等因素密切相关。预算分配状况将直接影响广告主参与拍卖的时间。由于规则的灵活性，广告主可根据自身预算选择随时进入或退出拍卖过程。若广告主对一个关键词分配的预算过多，则在这个时间段结束后，该预算将继续进行投放，直到耗尽为止。因此，分析在预算约束广告展示时间不固定情况下的相关结论有助于关键词拍卖理论的进步与完善。

---

① 《2016 年全球搜索引擎行业市场规模分析》，http：//www.chyxx.com/industry/201612/475010.html，访问日期：2016 年 12 月 7 日。

一、展示时间不固定的关键词拍卖模型

（一）模型设置与基本假设

假设模型中有 s 个广告位，参与竞拍的有 n 位广告主，$n = s$。令 $S = \{1,2,\ldots,s\}$ 表示广告位集合，$N = \{1,2,\ldots,n\}$ 表示参与竞拍的广告主集合。广告位 j 的点击率为 c_j，其中 $j \in S$。广告主 j 的估价为 v_j，其中 $j \in N$。保留价为 r（$0 < r < b_s$）。广告主 j 的报价、分配预算值、参与拍卖的时间和自身收益分别为 b_j, B_j, t_j, u_j，其中 $j \in N$。

本章模型采用的是完全信息下的 GSP 拍卖机制。广告主的报价降序排列，并按此顺序依次分配广告位。重新对广告主进行编号，假设获得广告位 j 的是广告主 j，他的支付价等于点击率与广告主 $j+1$ 报价的乘积，即 $p_j = c_j b_{j+1}$，故初始状态的收益等于 $u_j = c_j t_j v_j - t_j p_j = c_j t_j (v_j - b_{j+1})$。

（二）改进模型定义与特征

本章继续研究带预算约束的关键词拍卖问题，与之前章节的主要区别为假设广告最长展示时间可以等于任意值，不再统一设定为1，该值取决于自身预算与支付价的比值大小。存在两种情形如下：

（1）若 $t_i = \dfrac{B_i}{p_i} \leqslant 1$，则这种情况与此前模型相同，广告展示时间为 t_i；

（2）若 $t_i = \frac{B_i}{p_i} > 1$，则不依照原先的设定，即在 $t_i = 1$ 时拍卖结束，而是按照实际的展示时间 $t_i > 1$ 进行研究。

定义 6.1　$t_j^{(i)}$ 表示广告主 j 占据广告位 i 的时间，其中 $i \in S$，$j \in N$，则广告主 j 参与拍卖的总时间为 $t_j = t_j^{(j)} + t_j^{(j-1)} + \ldots + t_j^{(l)}$，它表示广告主 j 处于第 l 位时预算耗尽，退出拍卖过程，其中 $l \in S$。

定义 6.2　$c_i^{(j)}$ 表示广告主 j 初始占据广告位 i 的广义点击率。根据假设，广告主 j 参与拍卖时排在第 j 位，他的广义点击率等于 $c_j^{(j)} = c_j t_j^{(j)} + c_{j-1} t_j^{(j-1)} + \ldots + c_l t_j^{(l)}$，其中 l 的假设与定义 6.1 相同，并且 $j \in N$，$l \in S$。如果广告主 $j+1$ 参与拍卖的时间不低于广告主 j，即 $t_{j+1} \geqslant t_j$，则广告主 j 的预算满足 $B_j = (c_j t_j^{(j)} + c_{j-1} t_j^{(j-1)} + \ldots + c_l t_j^{(l)}) b_{j+1}$，即广义点击率 $c_j^{(j)} = \frac{B_j}{b_{j+1}}$。因此，广告主 j 的收益能够化简为

$$u_j = c_j^{(j)}(v_j - b_{j+1}) = (c_j t_j^{(j)} + c_{j-1} t_j^{(j-1)} + \ldots + c_l t_j^{(l)})(v_j - b_{j+1})$$

$$= \frac{B_j}{b_{j+1}}(v_j - b_{j+1}) = \frac{B_j}{b_{j+1}} v_j - B_j$$

假设广告主参与竞拍的最长时间不再固定时，此时广告主只有在预算完全耗尽的情况下才会退出拍卖。即使广告主的报价偏离，拍卖期间的支付总额仍然与预算值相等，即 $P_j' = t_j' p_j' = B_j$。因此，广告主从初始位置的报价偏离后的收益变化值等价于计算广告主在两个状态下广义点击率的改变量与广告主估价乘积，即 $u_j' - u_j = (c_j^{(j)\prime} - c_j^{(j)}) v_j$。

定义 6.3　判断某个报价向量是否是带预算约束的纳什均

衡，需要将该报价向量中任意广告主在初始位置时的收益 u_j 与报价偏离后的收益 u_k 的大小进行比较，具体情况如下

$$u_j \geqslant u_k, \forall j,k \tag{6.1}$$

$$u_j < u_k, \forall j,k \tag{6.2}$$

如果式（6.1）对任意的 j，k 都成立，说明任意广告主 j 改变报价偏离到第 k 位后收益减小，无利可图，这种情况下报价向量 b 是带预算约束的纳什均衡；反之，如果式（6.2）对任意的 j，k 成立，即任意一位广告主 j 从第 j 位换到第 k 位后收益提高，有利可图，这种情况下报价向量 b 不是带预算约束的纳什均衡。

（三）报价策略对收益变化的影响

由定义 6.3 可以知道，需要将报价向量中任意广告主的初始收益分别与报价向上偏离、向下偏离后的收益进行比较，才能够确定该报价向量能否达到带预算约束的纳什均衡。据此分析后得出以下两个定理。

定理 6.1　任取一个报价向量 b，若广告主 j 的预算满足 $B_j = nc_j b_{j+1}(n \in N^*)$，其中 $j \in N$，则广告主 j 从第 j 位向上偏离到第 j' 位后无利可图，其中 $1 \leqslant j' < j$。

证明：广告主 j 在第 j 位的收益为 $u_j = c_j t_j (v_j - b_{j+1})$，而广告主 j 参与拍卖的时间为 $t_j = \frac{B_j}{c_j b_{j+1}} = \frac{nc_j b_{j+1}}{c_j b_{j+1}} = n$。假设广告主 j 提高报价至 b_j'，上升 $k-1$ 位，则新的报价排序为

$$b_1 > b_2 > \ldots > b_{j-k} > b_j' > b_{j-k+1} > \ldots > b_{j-1} > b_{j+1} > \ldots > b_s$$

这种情况下，广告主 j 占据第 $j-k+1$ 位，此时他参与竞价的时间变为

$$t_j' = \frac{B_j}{c_{j-k+1}b_{j-k+1}} = \frac{nc_j b_{j+1}}{c_{j-k+1}b_{j-k+1}} < n\ ,$$

而广告主 $j-k$ 参与竞价的时间为

$$t_{j-k}' = \frac{B_{j-k}}{c_{j-k}b_j'} = \frac{nc_{j-k}b_{j-k+1}}{c_{j-k}b_j'} < n\ ,$$

广告主 $j-k+1$ 的竞价时间变为

$$t_{j+k+1}' = \frac{B_{j-k+1}}{c_{j-k+2}b_{j-k+2}} = \frac{nc_{j-k+1}b_{j-k+2}}{c_{j-k+2}b_{j-k+2}} = \frac{nc_{j-k+1}}{c_{j-k+2}} > n\ ,$$

所以有 $t_j' < t_{j-k+1}'$，则广告主 j 会先于广告主 $j-k+1$ 退出竞价过程。此时广告主 j 的收益为 $u_j' = \frac{B_j}{b_{j-k+1}}(v_j - b_{j-k+1})$。

广告主 j 报价提高（向上偏离）后收益的变化为

$$\Delta u_j = c^{(j)j-k+1}(v_j - b_{j-k+1}) - c_j^{(j)}(v_j - b_{j+1}) = \frac{B_j}{b_{j-k+1}}(v_j - b_{j-k+1}) - \frac{B_j}{b_{j+1}}(v_j - b_{j+1})$$

$$= \frac{B_j}{b_{j-k+1}}v_j - B_j - \frac{B_j}{b_{j+1}}v_j + B_j = \frac{B_j v_j(b_{j+1} - b_{j-k+1})}{b_{j-k+1}b_{j+1}} < 0$$

故广告主 j 报价向上偏离收益减小，无利可图。定理 6.1 得证。

简述出现这种情形的原因。当广告主 j 报价向上偏离到第 $j-k+1$位时，相邻的广告主 $j-k+1$ 下降到第 $j-k+2$ 位，从而他占据广告位的点击率下降，又因为自身报价不变，所以在预算给定的条件下，广告主 $j-k+1$ 参与竞拍的时间增加，超

过广告主j。由于模型采用GSP支付机制，所以在拍卖过程中广告主j向上偏离后的点击支付不变，拍卖期间的总支付仍等于预算值。而广告主j提高报价后，导致其广义点击率下降，进而使自身收益小于初始收益。因此，广告主j报价向上偏离是无利可图的。

定理6.2 任取一个报价向量b，若广告主j的预算满足$B_j = nc_j b_{j+1}(n \in N^*)$，其中$j \in N$，则广告主$j$从第$j$位向下偏离到第$j'$位后有利可图，其中$j < j' \leqslant s$。

证明：由于广告主j在第j位的收益为$u_j = c_j t_j(v_j - b_{j+1})$，参与竞价的时间为

$$t_j = \frac{B_j}{c_j b_{j+1}} = \frac{nc_j b_{j+1}}{c_j b_{j+1}} = n,$$

此时广告主j的收益等于$u_j = \frac{B_j}{b_{j+1}}(v_j - b_{j+1}) = \frac{B_j v_j}{b_{j+1}} - B_j$。假设广告主$j$的报价从$b_j$降低至$b_j'$，下降$k$位，报价排序变为

$$b_1 > b_2 > \dots > b_{j-1} > b_{j+1} > \dots > b_{j+k} > b_j' > b_{j+k+1} > \dots > b_s$$

在这种情况下，广告主j占据第$j+k$位，而他参与竞价的时间变为

$$t_j' = \frac{B_j}{c_{j+k} b_{j+k+1}} = \frac{nc_j b_{j+1}}{c_{j+k} b_{j+k+1}} > n,$$

相邻前一位的广告主$j+k$参与竞价的时间变为

$$t_{j+k}' = \frac{B_{j+k}}{c_{j+k-1} b_j'} = \frac{nc_{j+k} b_{j+k+1}}{c_{j+k-1} b_j'} < n,$$

而相邻后一位的广告主$j+k+1$参与竞价的时间保持不变，

即

$$t_{j+k+1}{}' = \frac{B_{j+k+1}}{c_{j+k+1}b_{j+k+2}} = \frac{nc_{j+k+1}b_{j+k+2}}{c_{j+k+1}b_{j+k+2}} = n = t_{j+k+1} ,$$

所以有 $t_j{}' > t_{j+k+1}{}' = t_{j+k+1} > t_{j+k}{}'$ 。故广告主 $j+k+1$ 比广告主 j 提前退出竞价。

因为 $t_{j+k+1} = t_{j+k+2} = t_{j+k+3} = \ldots = t_{s-1} = t_s = n$ ，所以广告主 $j+k+1$ ，广告主 $j+k+2$ ，...，广告主 s 都会比广告主 j 提前退出拍卖。在时刻 $t = n$ 时，排在广告主 j 之后的广告主将全部退出后，没有其他广告主，这时他的支付价等于保留价，即 $p_j{}' = r$ 。因此，广告主 j 的预算满足

$$B_j = (c_{j+k}t_j^{(j+k)} + c_{j+k-1}t_j^{(j+k-1)} + \ldots + c_i t_j^{(i1)})b_{j+k+1} + (c_i t_j^{(i2)} + c_{i-1}t_j^{(i-1)} + \ldots + c_l t_j^{(l)})r \tag{6.3}$$

由式（6.3）可知，广告主 j 在广告主 $j+k+1$ 退出竞拍后占据广告位 i，而当广告主 j 退出拍卖时占据广告位 l，其中 i，$l \in S$ 。$t_j^{(i1)}$ 表示广告主 $j+k+1$ 退出拍卖时广告主 j 占据广告位 i 的时间（第一部分），而 $t_j^{(i2)}$ 表示广告主 $j+k+1$ 退出后，广告主 j 继续占据广告位 i 的剩余时间（第二部分），满足 $t_j^{(i1)} + t_j^{(i2)} = t_j^{(i)}$ 。

因为 $b_{j+k+1} > r$ ，所以有

$$B_j < (c_{j+k}t_j^{(j+k)} + c_{j+k-1}t_j^{(j+k-1)} + \ldots + c_i t_j^{(i1)})b_{j+k+1} + (c_i t_j^{(i2)} + c_{i-1}t_j^{(i-1)} + \ldots + c_l t_j^{(l)})b_{j+k+1}$$

$$= (c_{j+k}t_j^{(j+k)} + c_{j+k-1}t_j^{(j+k-1)} + \ldots + c_i t_j^{(i1)} + c_i t_j^{(i2)} + c_{i-1}t_j^{(i-1)} + \ldots + c_l t_j^{(l)})b_{j+k+1}$$

$$= (c_{j+k}t_j^{(j+k)} + c_{j+k-1}t_j^{(j+k-1)} + \ldots + c_it_j^{(i)} + c_{i-1}t_j^{(i-1)} + \ldots + c_lt_j^{(l)})b_{j+k+1},$$

整理可得

$$(c_{j+k}t_j^{(j+k)} + c_{j+k-1}t_j^{(j+k-1)} + \ldots + c_it_j^{(i)} + c_{i-1}t_j^{(i-1)} + c_{i-2}t_j^{(i-2)} + \ldots + c_lt_j^{(l)}) > \frac{B_j}{b_{j+k+1}},$$

则广告主 j 报价向下偏离后的收益为

$$u_j' = (c_{j+k}t_j^{(j+k)} + c_{j+k-1}t_j^{(j+k-1)} + \ldots + c_it_j^{(i1)})(v_j - b_{j+k+1}) + (c_it_j^{(i2)} + c_{i-1}t_j^{(i-1)} + \ldots + c_lt_j^{(l)})(v_j - r)$$

$$= (c_{j+k}t_j^{(j+k)} + c_{j+k-1}t_j^{(j+k-1)} + \ldots + c_it_j^{(i)} + c_{i-1}t_j^{(i-1)} + \ldots + c_lt_j^{(l)})v_j - B_j > \frac{B_j}{b_{j+k+1}}v_j - B_j.$$

因此，广告主 j 报价向下偏离后收益的变化为

$$\Delta u_j = (c_{j+k}t_j^{(j+k)} + c_{j+k-1}t_j^{(j+k-1)} + \ldots + c_it_j^{(i1)})(v_j - b_{j+k+1}) + (c_it_j^{(i2)} + c_{i-1}t_j^{(i-1)} + \ldots + c_lt_j^{(l)})(v_j - r) - c_j^{(j)}(v_j - b_{j+1}) > \frac{B_j}{b_{j+k+1}}v_j - B_j - \frac{B_j}{b_{j+1}}v_j + B_j = \frac{B_jv_j(b_{j+1} - b_{j+k+1})}{b_{j+1}b_{j+k+1}} > 0.$$

由此可知，广告主 j 报价向下偏离后收益增加，有利可图。定理 6.2 得证。

解释定理 6.2 比解释定理 6.1 要略微复杂一些。当广告主 j 降低报价向下偏离后，自身点击支付与所处的新广告位的点击率都减小，而预算不变，从而导致参与拍卖的时间增加，此时排在他之后的所有广告主的广告展示时间都不变，并且小于

广告主j，所以他们都先于广告主j退出拍卖。而此后直到广告主j退出拍卖期间，他的支付价下降，等于保留价，使自身的广义点击率增加，从而导致广告主j的收益提高。因此，广告主j报价向下偏离后有利可图。

下面用一个数值例子验证以上两个定理。

例 6.1 假设存在三个广告位，有三位广告主参与竞价，广告位的点击率分别为 $c_1=20$，$c_2=15$，$c_3=8$。广告主的估价分别为 $v_1=18$，$v_2=12$，$v_3=10$；报价分别为 $b_1=15$，$b_2=8$，$b_3=5$；保留价 $r=3$。详细数据见表 6.1：

表 6.1 关键词拍卖模型的相关数据信息

广告位	广告主	点击率（c）	估价（v）	报价（b）	预算（B）
1	1	20	18	15	160
2	2	15	12	8	75
3	3	8	10	5	24
	—	—	—	3（保留价）	—

假设在该模型中 $n=1$，则三位广告主的预算分别为 $B_1 = c_1b_2 = 20\times 8 = 160$，$B_2 = c_2b_3 = 15\times 5 = 75$，$B_3 = c_3r = 8\times 3 = 24$。

这时广告主 1、广告主 2 和广告主 3 的收益分别为

$$u_1 = \frac{B_1}{b_2}(v_1 - b_2) = \frac{160}{8}\times(18-8) = 200,$$

$$u_2 = \frac{B_2}{b_3}(v_2 - b_3) = \frac{75}{5}\times(12-5) = 105,$$

$$u_3 = \frac{B_3}{r}(v_3 - r) = \frac{24}{3} \times (10 - 3) = 56。$$

（1）验证广告主3报价向上偏离后是无利可图的。假设广告主3将其报价从 $b_3 = 5$ 提高至 $b_3' = 9$ 。新的报价排序为 $b_1 > b_3' > b_2 > r$ ，此时广告主3占据第二位，广告主2则占据第三位。而此时广告主3参与竞价的时间满足

$$t_3' = \frac{B_3}{c_2 b_2} = 0.2 < t_1' = \frac{B_1}{c_1 b_3'} \approx 0.89 ,$$

故广告主3比广告主1先退出竞价，他不会获得广告位1，而广告主2参与竞价的时间 $t_2' = \frac{B_2}{c_3 r} = 3.125 > t_3' = 0.2$ ，即广告主2不会先于广告主3退出竞价，因此广告主3报价向上偏离后的收益为

$$u_3' = c_2 t_3'(v_3 - b_2) = \frac{c_2 B_3}{c_2 b_2}(v_3 - b_2) = \frac{B_3}{b_2}(v_3 - b_2) = \frac{24}{8}(10 - 8) = 6 < u_3 = 56 ,$$

即广告主3报价向上偏离无利可图，数值结果验证定理6.1成立。

（2）验证广告主1报价向下偏离后是有利可图的。假设广告主1将其报价从 $b_1 = 15$ 下降至 $b_1' = 6$ 。此时报价排序为 $b_2 > b_1' > b_3 > r$ ，故广告主1占据第二位，广告主2则占据第一位。这时三位广告主参与竞价的时间分别为 $t_1 = \frac{B_1}{c_2 b_3} \approx 2.13$ ，$t_2 = \frac{B_2}{c_1 b_1'} = 0.625$ ，$t_3 = \frac{B_3}{c_3 r} = 1$ ，由于 $t_2 < t_1$ ，所以广告主2会先于广告主1退出拍卖过程，从而广告主1又占据第一位，

他的预算还剩余 $B_1' = B_1 - t_2c_2b_3 = 113.125$，占据广告位1的时间为 $t_1' = \frac{B_1'}{c_1b_3} = 1.13125$。同时广告主3占据第二位，他的预算剩余 $B_3' = B_3 - t_2c_3r = 9$，占据广告位2的时间满足 $t_3' = \frac{B_3'}{c_2r} = 0.2 < 1.13125$，因此广告主3会先于广告主1晚于广告主2，第二位退出拍卖。

最后，广告主1的所剩预算为 $B_1^* = B_1' - t_3'c_1b_3 = 93.125$，还能够参与拍卖的时间为 $t_1^* = \frac{B_1^*}{c_1r} \approx 1.552$。综上，计算广告主1报价向下偏离后的收益满足

$$u_1' = c_2t_2(v_1 - b_3) + c_1t_3'(v_1 - b_3) + c_1t_1^*(v_1 - r) = 121.875 + 52 + 465.625 = 639.5 > u_1 = 200.$$

故广告主1报价向下偏离后报价增加，有利可图。该数值结果符合定理6.2。

推论6.1 假设一个报价向量 b 中广告主 j 的预算满足 $B_j = nc_jb_{j+1}(n \in N^*)$，其中 $j \in N$，则在广告展示时间不固定条件下，该报价向量 b 无法达到带预算约束的纳什均衡。

证明：假设模型中广告展示时间不固定，当报价向量 b 中的广告主 j 的预算满足 $B_j = nc_jb_{j+1}(n \in N^*)$ 时，其中 $j \in N$，根据定理6.2，则广告主 j 的报价从第 j 位向下偏离至第 j' 位时有利可图，其中 $j < j' \leq s$。因此，该报价向量 b 不是带预算约束的纳什均衡，得证。

若报价向量是带预算约束的纳什均衡，则其中所有广告主都没有动机改变报价。当广告主初始预算给定后，假设广告展

示时间不固定，尽管广告主提高报价无利可图，但是降低报价是有利可图的。因此，在这种假设条件下，该报价向量不是带预算约束的纳什均衡。

三、预算变化对广告主收益的影响

本部分考察预算变化会如何影响广告主的收益。因为广告主的预算与其参与竞价的时间相关，即 $t_j = \frac{B_j}{c_j b_{j+1}}$，所以在广告位点击率与广告主报价确定的情况下，预算的大小直接决定了广告主能够参与拍卖的时间长短，并且广告主的收益与参与拍卖的时间成正比［广告主收益为 $u_j = c_j t_j (v_j - b_{j+1})$］，所以简单来说就是广告主的预算与其收益成正比。

下面用一个具体实例说明预算对广告主收益的影响。考察两位广告主争夺一个广告位的情况，广告展示时间上限设定为1，详细数据见表6.2与表6.3。

表6.2　广告主竞价信息表（广告主1预算为变量）

点击率（c）	广告主	估价（v）	报价（b）	预算（B）
1	1	8	5	—
—	2	2	5	4

表6.3　广告主竞价信息表（广告主2预算为变量）

点击率（c）	广告主	估价（v）	报价（b）	预算（B）
1	2	2	5	4
—	1	8	5	-

先将广告主 1 作为主要研究对象，分两种情况进行分析。

(1) 将广告主 1 的预算作为变量，因为 $v_1 > v_2$，所以广告主 1 排在第一位[①]。

(2) 将广告主 2 的预算作为变量，此时广告主 1 略微降低报价 ($b_1' = b_1 - \varepsilon$) 占据第二位，分别比较在这两种情况下，广告主 1 收益如何变化。从图 6.1 可以观察到，情形 1 中广告主 1 的收益先随预算的增大而提高，当达到广告展示时间上限 ($t_{max} = 1$) 时，广告主 1 的收益不再变化。而在情形 2 中广告主 1 报价向下偏离到第二位，广告主 2 占据广告位，当广告主 2 耗尽自身预算退出后，广告主 1 占据广告位获得广告展示机会。不过，随着广告主 2 预算增大，广告主 2 占据广告位的时间增加，从而使广告主 1 获得的展示时间逐渐减少，并且他的收益也逐渐减小，当广告主 2 的展示时间等于 1 时，广告主 1 无法获得广告展示机会，即收益为 0，之后两人收益都不再变化。

如图 6.1 所示，由 $\frac{B_1}{b_2}(v_1 - b_2) = (1 - \frac{B_2}{b_1})v_1$，$B = B_1 = B_2$ 可得预算临界值 $B^* = B_1 = B_2 = 40/11$，此时广告主 1 在原位时的收益与降低报价后的收益相等。当 $B_1 = B_2 < B^*$ 时，广告主 1 降低报价后的收益大于在原位时的收益，即广告主 1 报价向下偏离有利可图；当 $B_1 = B_2 > B^*$ 时，广告主 1 在原位时的收益大于降低报价后的收益，即广告主 1 报价向下偏离无利可图。

---

① 根据 Koh（2013）论文中第四章对于关键词拍卖中“平衡打破规则”的表述，即“报价相同时，规则有利于估价较高的广告主”，这里沿用此假设。

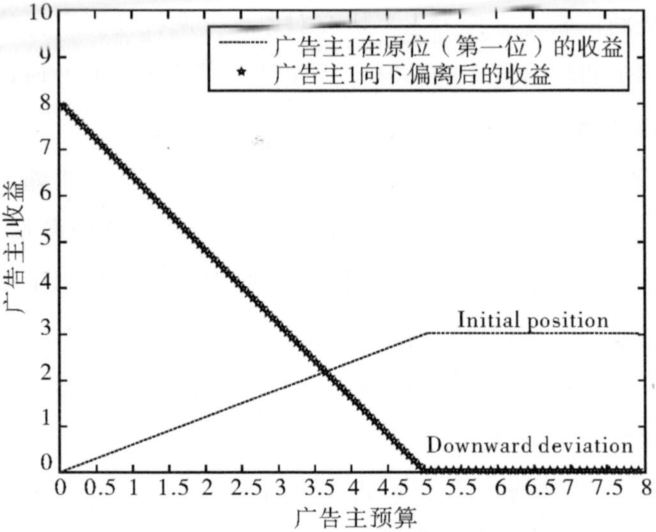

图 6.1　广告主 1 的收益随预算的变化情况

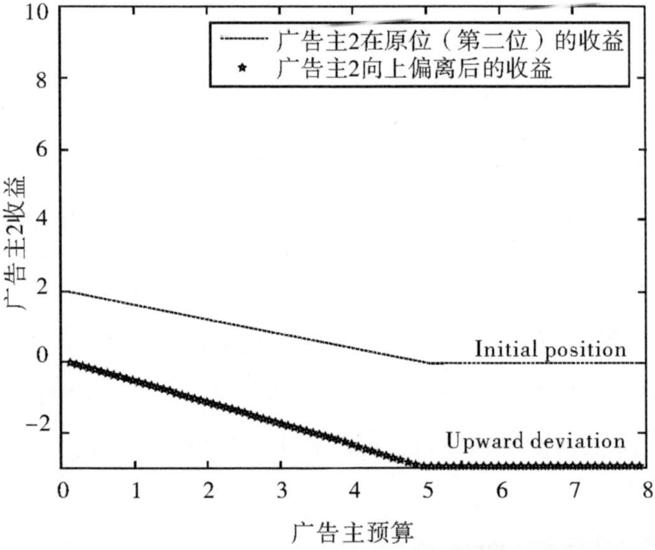

图 6.2　广告主 2 的收益随预算的变化情况

同理，根据图 6.2 可知，广告主 2 排在第二位能够获得的收益始终高于广告主 2 报价向上偏离后的收益（显示负值易于对比），即广告主 2 报价向上偏离后始终无利可图，因此他会一直保持在第二位，没有动机向上抢位。

综上所述，当两位广告主的预算满足 $B_1 = B_2 > 40/11$ 时，广告主报价向量 $b =$ （b_1，b_2）是带预算约束的纳什均衡，并且此时搜索引擎的收益为 $u^{SE} = b_2 t = B_1$。

四、本章小结

本章我们构建了广告展示时间不固定的带预算约束的关键词拍卖模型，当预算等于自身支付的整数倍时，研究了在该假设下广告主报价偏离会使其收益变化的情况。其中广告主报价向上偏离后自身收益减小，无利可图；但广告主报价向下偏离后收益反而增加，有利可图。数值实例也证明了该结论成立。综上所述，理论和实例结果都表明报价向量在展示时间不固定的情况下不是带预算约束的纳什均衡。

我们还分析了广告主预算对收益的影响。给出两位广告主争夺一个广告位的简单实例，将广告主的预算作为变量对广告主收益的影响进行研究，发现当两人预算小于临界值时，广告主 1 报价向下偏离的收益大于在原位时的收益，当两人预算大于临界值时，广告主 1 报价向下偏离的收益小于在原位时的收益，而无论两人预算如何变化，广告主 2 在原位的收益始终大于向上偏离后的收益。因此，当两人预算大于临界值时，两位理性广告主都会保持现状，没有报价偏离的动机。此时两位广告主构成的报价向量是带预算约束的纳什均衡。

本章改进假设条件，不再对广告主参与拍卖的时间进行限制，则退出竞拍的条件为自身预算耗尽，探索了广告主在该假设下的报价均衡问题，证明相关结论，并用数值模拟手段研究了预算变化对广告主收益的影响。由于缺乏相关数据，构建的模型偏重理论。今后可以调整基本假设，构建更符合实际的关键词拍卖模型，讨论广告主分配预算大小及制定报价策略对自身与搜索引擎的收益有何影响等问题。

第七章　结论与展望

当前，我们正处在信息大爆炸的时代，互联网的飞速发展使得信息的产生、搜集、处理与传播都达到空前规模。全球信息已实现共享，全民进入大数据时代，深刻影响并改变着人们工作、学习与生活的方式。据英国著名信息管理与预测专家詹姆斯·马丁的研究数据可知，在 19 世纪，人类知识的倍增周期为 50 年，到 20 世纪的前半段，知识的倍增周期约为 10 年，而到 20 世纪 70 年代该周期缩短为 5 年，80 年代末已达到每 3 年就会翻一倍的程度。近年来，全世界每日新增的发表论文数量高达 13000—14000 篇，每年新增的登记专利数达到 70 万项，每年新增的图书超过 50 万种[①]。并据权威报告数据统计，全球纸媒印刷信息生产量每 5 年就会翻倍，《纽约时报》一周所发布的信息量已超过 17 世纪一位学者终生能够获取的信息量总和。最近 30 多年来，人类生产出的信息量已超过过去

① 邵培仁，《传播学》，高等教育出版社，2000，第 115 页。

5000 年所有信息的总和[①]。与此同时，由于传播途径的便捷以及缺乏有效的监管，大量虚假信息、无用信息也充斥在网络中，造成“信息污染”，给人们有效利用信息带来极大困难。而搜索引擎作为获取精准信息的工具，起着非常重要的作用。关键词广告作为搜索引擎网站的主要经济来源，极大地影响着行业的发展。关键词拍卖也逐渐成为学术界与业界的一个重要研究领域，相关研究也取得了许多成果。不过，我国在该领域的研究进展与国际水平还有一定差距。

现今每家企业都讲求效率优先，追求资源合理配置，以实现效用最大化。在此背景下，本书从不同角度研究了带预算约束的关键词拍卖问题，针对广告主参与关键词拍卖时竞价行为进行分析并得出相关结论。本书相较以往关键词拍卖文献的研究，主要区别在于考虑广告主的预算约束，更加符合实际情况。而得出的结论可以更有效地指导广告主进行预算分配与报价策略的制定，同时也为搜索引擎企业优化拍卖机制提供了依据，推动关键词拍卖研究的进一步发展。

一、本书主要结论

（1）从广告主角度考虑，为了控制成本以及防止支付过高，广告主投放关键词广告需要事先给定每天的预算。而此前多数关键词拍卖的文献由于复杂性的原因，没有在研究中引入预算约束进行考虑。首先，构建带预算约束的关键词拍卖模

① 《云计算与大数据》，http：//blog. csdn. net/qiuzhijieluojianping/article/details/37603333，访问日期：2020 年 10 月 6 日。

型，并给出带预算约束的纳什均衡概念，推导出满足纳什均衡条件的广告主报价的上界和下界，并与 Varian（2007）给出的满足对称纳什均衡广告主报价的上下界进行比较。其次，试图找出广告主们的报价向量达到带预算约束的纳什均衡条件，即每位广告主都满意自己现在所处的广告位，在该位置的收益最大。给出广告主报价向上偏离无利可图的条件，并用数值实例说明了广告主报价向下偏离后收益变化的不同情况。再次，给出广告主报价上界构成的报价向量不是带预算约束的纳什均衡的条件，并证明报价上界组成的向量是对称纳什均衡（同时也是纳什均衡）。综合上述结论，利用广告主的报价上界，给出并证明广告主报价向量是带预算约束的纳什均衡的充要条件。相比对称纳什均衡，由于应满足的条件不同，达到带预算约束的纳什均衡的情形要更复杂一些。最后，建立一个简单的带预算约束的二人博弈关键词拍卖模型，并给出此模型中报价向量达到带预算约束的纳什均衡应满足的条件以及预算与两人估价在不同范围下搜索引擎的收益大小。本研究的结论可以有效帮助广告主制定预算和报价策略，有效控制成本，也为搜索引擎采用何种拍卖机制能够提高利润提供一些参考。

（2）本书基于 VCG 机制研究了带预算约束的关键词广告拍卖问题，广告主在 VCG 机制中的支付取决于排在他之后的广告主占据广告位的点击率和其报价组成的线性组合，所以广告主的报价变化会对其他广告主的支付及收益造成影响。采用带有预算约束的全局无嫉妒纳什均衡条件，分析了广告主报价向上偏离后自身收益应如何变化，并找到广告主报价向上偏离无利可图的充要条件。之后还给出广告主的报价都取上界时，所组成的向量不是带预算约束的全局无嫉妒均衡的充要条件，并证明报价上界组成的向量是全局无嫉妒均衡的。最后综合上述结论，给出 VCG 机制中广告主报价向量是带预算约束的全局无嫉妒均衡的充要条件。该结论扩展了 Koh（2013）的研究结论，将预算约束和全局无嫉妒均衡应用到 VCG 机制中。

（3）上述研究都是在广告展示时间设定为 1 的条件下得出的。假设广告展示时间不固定时，广告主只有在预算耗尽后才会退出拍卖。这种情况下，广告主的收益由自身预算、估价、报价、所在广告位点击率等因素共同决定。建立展示时间不固定的关键词拍卖模型，并给出广义点击率的概念。判断报价向量能否达到带预算约束的纳什均衡，通过研究发现，在给定预算的情况下，广告主报价向上偏离是无利可图的，而报价向下偏离是有利可图的。因此，在预算确定的情形下，广告主报价构成的报价向量无法达到带预算约束的纳什均衡。

二、研究不足

虽然本书对带预算约束的关键词拍卖的三个方向进行了理论研究，取得了一定的研究结果，但是本书研究中包括以下几点不足：

（1）本书侧重理论分析，仅对一些从理论角度难以严格证明的问题进行数值模拟，缺乏相关实际数据的实证分析与检验，并且理论推导的结论需要经过检验及改进后才可能应用到实际中。

（2）由于关键词拍卖的复杂性，本书未对广告主报价在达到均衡时给出的预算条件是否最优进行验证，今后可以借助数值模拟等手段进行深入探索。

（3）由于实际中的关键词拍卖较为复杂，很多环境参数与条件都是不确定的，如广告位数目、广告主人数等，与本书中理论模型的假设存在一定的差距，而这些因素会对广告主收益以及均衡策略有何影响，还需要我们在今后的研究中进一步分析。

（4）本书的研究结果是在完全信息博弈中得出的，而实际情况中，广告主往往同时进行决策，无法得知其他广告主的估价和报价等信息，即不完全信息情况。可以通过贝叶斯纳什均衡的方式，预测其他参与者类型的概率分布，结合预算约束条件，使自身期望效用最大，对广告主制定报价策略具有一定实际意义。

三、研究展望

（一）移动搜索广告

根据中国互联网信息中心数据，截至2019年6月，我国手机网民规模高达8.47亿，比2018年底增加了2984万人。其中网民中使用手机上网用户比例已从2018年底的98.6%上升至99.1%[①]。

智能手机的普及、4G网络快速发展以及通信资费的大幅下降都使得移动端网民数量处于绝对优势地位。网民规模的稳步增长及电脑端用户的转化共同导致手机网民数量的持续增长。如图7.1所示，据CNNIC数据统计，截至2019年6月，

① 中国互联网络信息中心，《第44次〈中国互联网络发展状况统计报告〉》，http：//www.cac.gov.cn/2019－08/30C_1124938750.htm，访问日期：2020年10月9日。

在手机端搜索引擎用户中，百度搜索的渗透率[①]达到87.2%，其次为搜狗搜索，渗透率为46.5%。而值得注意的是，神马搜索依托UC浏览器在手机端已拥有32.0%的渗透率。必应搜索、中国搜索的渗透率均低于10%，与其他领先搜索引擎品牌相比，竞争力仍显不足。

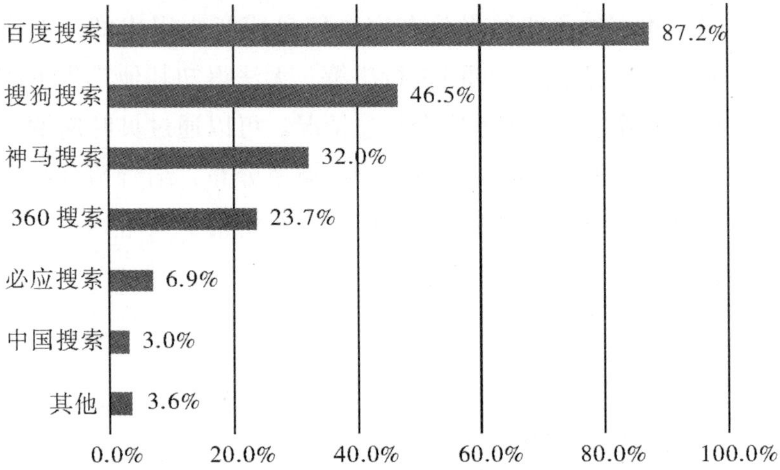

图7.1　2019年手机端各品牌搜索引擎渗透率

数据来源：中国互联网络信息中心（CNNIC），2019年中国网民搜索引擎使用情况研究报告，2019-10-25。

手机上网因其便利性，可使用的服务应用种类也在逐渐增多，包括用户的工作、学习、生活各个方面，例如：即时通信、网络新闻、移动搜索、视频与音乐、网络购物及在线支付、出行与地图服务等，并且从早期的信息服务逐渐转型为多元化、生态化平台，彻底改变了人们的生活方式，同时进一步加剧了

① 渗透率：询问网民最近半年内是否使用过某类搜索引擎应用或某个搜索网站，渗透率=半年内使用过某类搜索引擎应用或某个搜索网站的网民/搜索引擎用户样本总数。

网民向移动端的转移。如图 7.2 所示，截至 2019 年 6 月，我国手机网民较 2018 年底提升了 0.5 个百分点；网民使用电视上网的比例达到 33.1%，较 2018 年底提升了 2.0 个百分点；使用台式电脑上网、笔记本电脑上网、平板电脑上网的比例分别为 46.2%、36.1%和 28.3%。而根据百度公司 2020 年 2 月 28 日公布的 2019 年第四季度财报显示，百度第四季度实现营收 289 亿元，净利润达 92 亿元，同比增长 95%。2019 年，百度用户同步增长稳定，10 月底百度用户规模已经突破 10 亿人，移动端的渗透率高达 88.4%。其中作为旗舰产品的百度 App 持续强劲势头，根据本次财报的数据，百度 App 日活用户数达到 1.95 亿人，同比增长 21%①，相关数据表明移动搜索的重要性愈发显著。

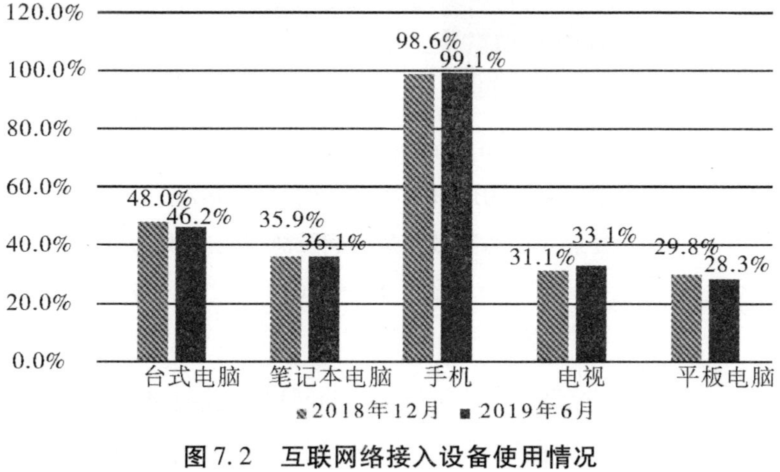

图 7.2 互联网络接入设备使用情况

数据来源：中国互联网络信息中心（CNNIC），《第 44 次〈中国互联网络发展状况统计报告〉》，2019-08-30。

① 《百度发布 2019 年第四季度财报——实现营收 289 亿元》，http://www.sanqin.com/2020-02/28/content_8457040.html，访问日期：2020 年 2 月 28 日。

根据艾瑞 User Tracker 数据显示（如图 7.3），中国移动搜索 App 月总有效使用时间从 2018 年 1 月的 1116 亿分增长到 2018 年 12 月的 1216.9 亿分，但是月总使用次数稍有下降。这在一定程度反映出用户对移动搜索 App 的黏性进一步增强，移动搜索 App 通过具备更多元的内容服务，持续获取用户注意力与碎片化时间。

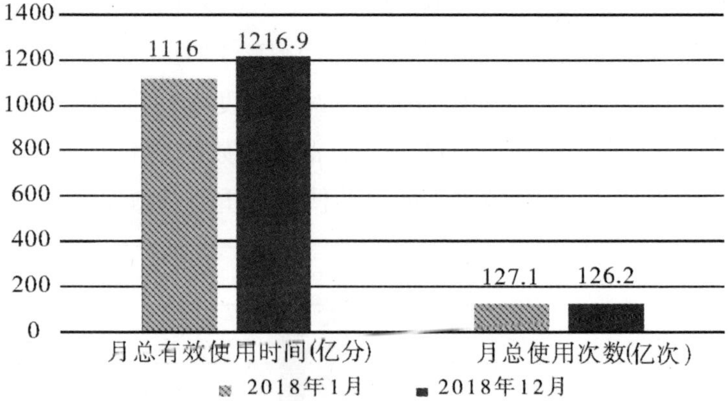

图 7.3　2018 年 1 月和 12 月中国移动搜索 App 总有效使用时间及总使用次数

数据来源：《寻找营销的道与术——2019 年中国网络广告市场年度监测报告》简版，2019－06－01。

目前，一方面对于用户端，移动网民接触网络碎片化时间不断增加；另一方面对于内容供给端，信息种类不断丰富。在此背景下，移动搜索 App 固有搜索功能的边界逐渐模糊，同时呈现“搜索框”与“内容流”。基于搜索优化内容推荐，完成双向智能适配的信息分发，满足千人千面，提高了用户与信息的连接效率。而这些移动端应用中移动广告市场规模也在不断扩大，引起广大用户越来越多的关注。

而针对搜索引擎应用，如图 7.4 所示，截至 2019 年 6 月，我国搜索引擎用户规模约为 6.95 亿人，使用率达 81.3%（搜索用户数占网民数量的比例），较 2018 年底使用率（82.2%）下降了 0.9 个百分点，相较 2018 年底，规模增加了 1338 万人，环比增加 2.0%，较同期网民规模增速（3.1%）低 1.1 个百分点；其中使用手机搜索用户数约为 6.62 亿人，使用率高达 78.2%（使用手机搜索用户数占手机网民数量的比例），较 2018 年底下降了 1.8 个百分上点，规模比 2018 年底增加 806 万人，环比上升 1.2%。数据表明，用户对于随时随地获取精准信息的个性化需求逐步提高，从而移动端中搜索引擎的重要性也愈发明显，仅次于即时通信应用，成为搜索服务今后发展的新趋势。

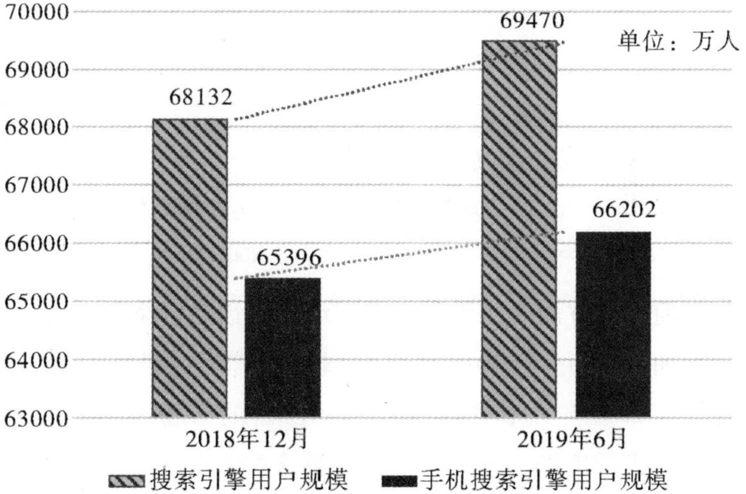

图 7.4　搜索引擎、手机搜索引擎用户规模

数据来源：中国互联网络信息中心（CNNIC），《第 44 次〈中国互联网络发展状况统计报告〉》，2019 - 08 - 30。

通过分析数据可以发现（如图 7.5），近五年来新增搜索用户规模逐渐低于新增网民规模。数据显示，2014 年和 2015 年新增搜索用户与新增网民的比例均超过 100%，2016 年和 2017 年则下降至 80% 至 95% 之间，并在 2018 年进一步下降至 75% 以下。趋势变化的原因在于当前网民的首要上网设备是手机，其各类垂直应用为用户提供了更加便捷的信息获取渠道，使得新用户对搜索引擎的需求有所降低。

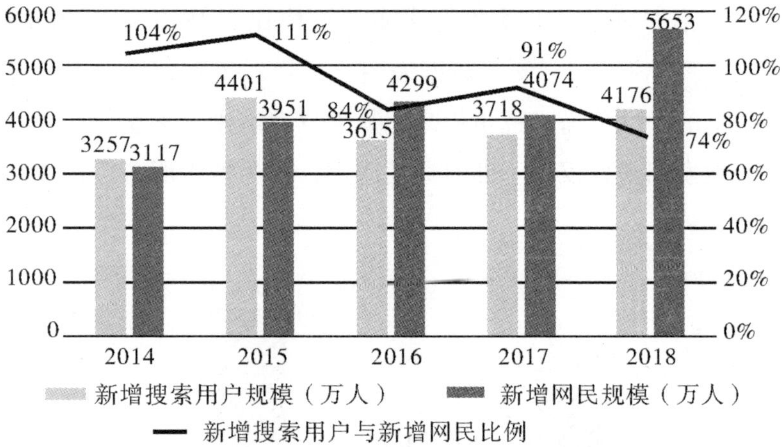

图 7.5　2014—2018 年新增搜索用户与新增网民比例

数据来源：中国互联网络信息中心（CNNIC），《2019 年中国网民搜索引擎使用情况研究报告》，2019 - 10 - 25。

如图 7.6 所示，2018 年，我国移动广告市场规模为 3663 亿元，较 2017 年增长 43.7%，移动广告的市场规模增速远高于网络广告的市场增速，并且移动端搜索流量已经超越 PC 端，占比达到 75.6%。预计到 2021 年底，我国移动广告的市场规模将超过 8200 亿元，发展十分迅猛。目前，基于移动互联网的广告产业链条已经形成，围绕移动小屏进行内容承载的形式不断迭代，短视频、信息流广告逐渐成为移动广告增长的动力。同时，用户在移动端的使用习惯也呈现出更明显的碎片化特征：第一，企业与用户建立联系的触点和场景变多，品牌传播可以无处不在；第二，碎片的特征会使用户比较难收获更为统一的品牌价值；第三，以移动媒体为核心的线上线下融合，也会延展出更为丰富的营销价值，为营销带来更多想象。

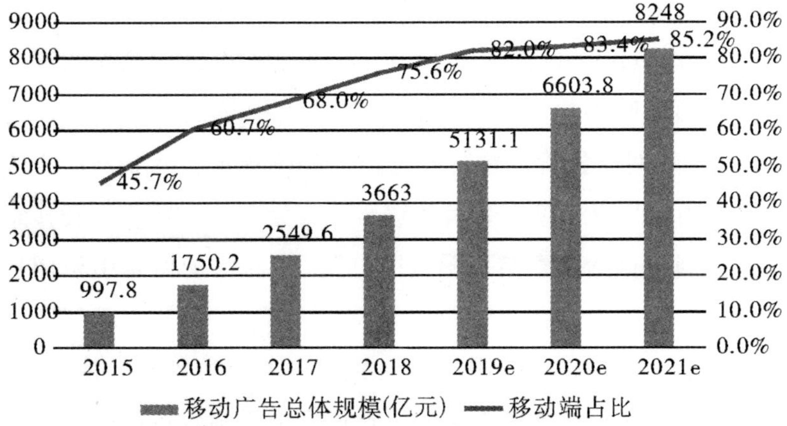

图 7.6　我国移动广告市场规模及预测（2015—2021 年）

数据来源：《寻找营销的道与术——2019 年中国网络广告市场年度监测报告》简版，2019 - 06 - 01。

2019 年 7 月 3 日，在 2019 百度 AI 开发者大会上，百度集团执行副总裁沈抖宣布，移动搜索应用百度 App 的每日活跃用户人数为 1.9 亿人，百度移动产品月度活跃设备数为 11 亿人，并且百度 App 的月活用户仍在稳步增长中[①]。由于受限于设备

① 《百度 APP 最新月活用户量公布——搜索功能升级》，http：//news.mydrivers.com/1/634/634349.htm，访问日期：2019 年 8 月 3 日。

尺寸和体验，移动广告还未取得足够影响力，但是将其作为整体化营销策略的组成部分，进一步提高用户参与度，并与传统广告相互结合，将会有更好的效果。有数据显示，89%的用户在看到线下广告后，会使用手机搜索了解更多的产品及品牌信息。因此，面对如此广阔的市场，已有越来越多的企业投身其中，并取得了不错的成绩。

而搜索广告是搜索引擎企业的核心收入来源，但如果广告植入的方式过于隐蔽或数量太多，则可能影响搜索结果的准确性，进而降低用户的使用体验和对搜索引擎的信任程度。因此，《互联网广告管理暂行办法》中明确规定，互联网广告应当具有可识别性，使消费者能够辨明其为广告，且“付费搜索广告应当与自然搜索结果明显区分”，从而保护搜索引擎用户利益。

目前，搜索广告在用户中已经拥有了较为普遍的认知度。数据显示，在使用搜索引擎时，意识到结果中含有广告的用户占比达到94.1%，仅有5.9%的用户没有意识到搜索结果中包含广告。从用户对于搜索广告的辨识情况来看，88.3%的用户可以在使用搜索引擎时对广告和自然搜索结果进行辨别，仅有11.7%的用户表示不能辨识搜索广告①。

已有一些文献关注移动搜索广告领域，沈祥（2008）在其博士论文中对国内用户使用移动广告的行为进行实证研究，建

① 中国互联网络信息中心（CNNIC），《2019年中国网民搜索引擎使用情况研究报告》，http://www.199it.com/archives1959774，html，访问日期：2019年10月25日。

立模型分析用户许可对移动广告态度的调节作用。Grewal 等（2016）研究了影响制定企业移动广告市场策略的因素，及维护现有用户和激发潜在用户等行为。

结合本书的研究内容，未来我们可以将预算约束的定义与移动搜索广告相结合，讨论广告主如何在多平台分配广告预算等。移动端与 PC 端有相同处，也有不同的特性，构建新的拍卖模式与支付机制将使其更加迎合市场发展。

（二）不完全信息下带预算约束的关键词拍卖研究

本书假设广告主在完全信息下进行竞价，每位广告主的信息都是公开的，而在实际情况中，其他广告主的信息都是未知的，需要从概率分布角度计算期望收益。我们可以在此基础上考虑预算约束对排序规则、广告主收益变化等方面的影响，具有一定的理论与现实意义。

（三）多个关键词的广告预算分配问题

本书的研究仅针对广告主对一个关键词进行竞价拍卖的情况，而实际中广告主会基于产品特性对相关的多个关键词进行报价，需要将广告预算分配到不同关键词上。后续的工作中可以增加关键词的个数，考虑不同关键词与广告主产品的相关程度，并在此条件下，分析广告主对不同关键词的均衡策略、预算分配以及自身收益变化的情况。

参考文献

［1］仰景岗．在线关键词广告最优竞价策略效果及预算的影响研究［D］．上海：上海交通大学，2008．

［2］卜天明．网络经济若干拍卖机制的研究［D］．上海：复旦大学，2007．

［3］蔡志明．拍卖理论与实验研究［J］．经济科学，1999（2）．

［4］蔡志强．搜索引擎竞价排名的经济机理及策略分析——兼论厂商广告竞争策略［J］．北京工商大学学报（社会科学版），2013（1）．

［5］曹文彬，浦徐进，李磊．不完全信息下基于 GSP 的竞价排名问题研究［J］．中国管理科学，2011（5）．

［6］陈李钢．基于赞助搜索的关键字广告最优策略研究［D］．哈尔滨：哈尔滨工业大学，2011．

［7］陈李钢，李一军．搜索引擎关键字广告的竞争分析［J］．中国管理科学，2010（5）．

［8］陈李钢，祁巍，李一军．基于赞助搜索的广告研究进展评述［J］．管理评论，2011，23（10）．

[9] 刁秀杰. 跨搜索引擎的关键字广告预算分配策略研究[D]. 哈尔滨：哈尔滨工业大学，2013.

[10] 韩帅，刘树林. 带预算约束的广告主均衡报价研究——基于纳什均衡角度 [J]. 中国管理科学，2019（5）.

[11] 高莹，黄小原. 在线拍卖研究的进展 [M] //韩志刚，王福利. 2005 中国控制与决策学术年会论文集（下）. 哈尔滨：东北大学出版社，2005.

[12] 何继伟. 关键词广告位拍卖机制设计理论与应用[D]. 北京：对外经济贸易大学，2015.

[13] 何继伟，刘树林. 考虑广告主信誉和用户体验的GSP 机制研究 [J]. 中国管理科学，2015（12）.

[14] 侯乃聪，沈向洋. 投资网络广告关键词的预算分配模型及其简化算法 [J]. 科技导报，2007，25（10）.

[15] 黄河，杨琴，李慧. 考虑用户福利的关键词拍卖机制研究 [J]. 管理工程学报，2012（4）.

[16] 姜晖. 互联网付费搜索拍卖建模与系统仿真研究[D]. 上海：上海交通大学，2010.

[17] 姜晖，王浣尘，高朝伟. GSP 机制下付费搜索拍卖有效均衡的存在性研究 [J]. 软科学，2009（7）.

[18] 姜晖，王浣尘，高朝伟. 基于动态博弈模型的付费搜索拍卖广义第二价格机制——规则、均衡与效率分析 [J]. 上海交通大学学报，2010（3）.

[19] 姜晖，王浣尘，关树永，基于 GSP 拍卖模型的搜索引擎竞价排名机制研究 [J]. 软科学，2008（12）.

[20] 姜晖，王浣尘，关树永. 付费搜索拍卖建模与两类

排名机制比较研究［J］．中国管理科学，2009（3）．

［21］李军．关键词拍卖若干问题研究［D］．北京：对外经济贸易大学，2012.

［22］李军，刘树林．关键词拍卖打折效应的对称纳什均衡分析［J］．系统工程理论与实践，2013（7）．

［23］李凯，邓智文，严建援．搜索引擎营销研究综述及展望［J］．外国经济与管理，2014，36（10）．

［24］李沙．简明拍卖学［M］．北京：学苑出版社，2010.

［25］林宏伟．网络广告运作的若干关键问题研究［D］．成都：电子科技大学，2013.

［26］林宏伟，邵培基，余步雷．基于风险规避的网络广告两阶段收益定价模型［J］．系统工程学报，2013，28（3）．

［27］刘树林．数理经济学［M］．北京：科学出版社，2008.

［28］刘树林，戎文晋．搜索引擎广告的机制设计理论与实践——关键词拍卖［M］．北京：科学出版社，2010.

［29］刘树林，王明喜．拍卖基本理论与扩展［M］．北京：科学出版社，2011.

［30］刘艳春，孙博文．基于广告主的搜索引擎广告收益优化模型构建［J］．辽宁大学学报（自然科学版），2013，40（2）．

［31］欧海鹰．互联网环境下在线广告位置管理研究［D］．北京：北京邮电大学，2011.

［32］欧海鹰，吕廷杰．在线关键词广告研究综述：新的

研究方向［J］. 管理评论，2011，23（4）.

［33］覃朝勇，田澎，赵藜，等. 双关键词广告拍卖中广告主竞价策略［J］. 系统管理学报，2014，23（2）.

［34］第44次《中国互联网络发展状况统计报告发布》，［EB/OL］.（2019－08－30）［2020－10－06］. http：//www.cac.gov.cn/2019－08/30/C_112493850.htm.

［35］戎文晋，刘树林. 关键词广告支付模式的研究［J］. 数学的实践与认识，2011，41（7）.

［36］戎文晋，刘树林. 关键词拍卖中最优保留价的研究［J］. 管理科学学报，2010（4）.

［37］沈祥. 国内用户使用移动广告行为意向的实证研究［D］. 合肥：中国科学技术大学，2008.

［38］童强. 搜索引擎关键字广告点击率与保留价研究［D］. 大连：大连理工大学，2011.

［39］汪定伟. 考虑广告商信誉的搜索引擎排位拍卖的机制设计［J］. 系统工程理论与实践，2011（1）.

［40］汪帆. 在线拍卖中风险规避型竞拍者的出价策略［D］. 上海：上海交通大学，2010.

［41］王平，张玉林. 广告主异质下的关键词拍卖的最优保留价研究［J］. 武汉理工大学学报（信息与管理工程版），2013，35（4）.

［42］谢识予. 经济博弈论：第三版［M］. 上海：复旦大学出版社，2007.

［43］阳成虎，杜青龙. 不完全信息下关键字竞价策略研究［J］. 统计与决策，2009（13）.

［44］杨彦武，王飞跃，曾大军，等．跨搜索引擎关键字竞价广告预算分配策略［J］．科技导报，2011，29（4）．

［45］殷红．考虑广告主信誉的付费搜索拍卖机制研究——均衡、收益与效率分析［J］．中国管理科学，2014（11）．

［46］于洪雷．预算约束下的关键字拍卖机制研究［D］．大连：大连理工大学，2013.

［47］于洪雷，杨德礼，王建军．预算约束下广义第二价格关键字拍卖均衡分析［J］．运筹与管理，2014，23（4）．

［48］原全，汪定伟．关键词拍卖中的投标价格决策［J］．东北大学学报（自然科学版），2012，33（5）．

［49］原全，汪定伟．关键词拍卖中基于广义第一价格的投标价格决策分析［J］．中国管理科学，2014，22（10）．

［50］詹文杰．双向拍卖的交易机制和交易策略［M］．武汉：华中科技大学出版社，2009.

［51］詹文杰，汪寿阳．评“Smith 奥秘”与双向拍卖的研究进展［J］．管理科学学报，2003（1）．

［52］张娥，郑斐峰，刘亚旭，等．供大于求时关键字广告位拍卖保留价设计研究［J］．预测，2011，30（2）．

［53］张维迎．博弈论与信息经济学［M］．上海：上海人民出版社，2004.

［54］ABRAMS Z. Revenue maximization when bidders have budgets［C］. Proceedings of the seventeenth annual ACM－SIAM symposium on Discrete algorithm. 2006：1074—1082.

［55］ABRAMS Z，KEERTHI S S，MENDELEVITCH O，et al. Ad delivery with budgeted advertisers：A comprehensive LP approach [J]. Journal of Electronic Commerce Research, 2008, 9 (1): 16 - 32.

[56] ABRAMS Z, MENDELEVITCH O, TOMLIN J. Optimal delivery of sponsored search advertisements subject to budget constraints [C]. Proceedings of the 8th ACM conference on Electronic commerce. 2007, 6: 272—278.

[57] AGGARWAL G, FELDMAN J, MUTHUKRISHNAN S, et al. Sponsored search auctions with markovian users [C]. International Workshop on Internet and Network Economics. Springer, Berlin, Heidelberg, 2008: 621—628.

[58] AGGARWAL G, GOEL A, MOTWANI R. Truthful auctions for pricing search keywords [C]. Proceedings of the 7th ACM Conference on Electronic Commerce. 2006: 1—7.

[59] AGGARWAL G, MUTHUKRISHNAN S, PAL D, et al. General auction mechanism for search advertising [C]. Proceedings of the 18th international conference on World wide web. 2009: 241—250.

[60] ALTARELLI F, BRAUNSTEIN A, REALPE - GOMEZ J, et al. Statistical mechanics of budget - constrained auctions [J]. Journal of Statistical Mechanics: Theory and Experiment, 2009 (07): 1079—1085.

[61] AMIN K, KEARNS M, KEY P, et al. Budget optimization for sponsored search: Censored learning in MDPs [J]. arXiv preprint arXiv: 1210. 4847, 2012.

[62] AMIRI A, MENON S. Scheduling web banner advertise-

ments with multiple display frequencies [J]. IEEE Transactions on Systems, Man, and Cybernetics – Part A: Systems and Humans, 2006, 36 (2): 245—251.

[63] ANANDALINGAM G, FRIESZ T L. Hierarchical optimization: An introduction [J]. Annals of Operations Research, 1992, 34 (1): 1—11.

[64] ANDELMAN N, MANSOUR Y. Auctions with budget constraints [C]. Scandinavian Workshop on Algorithm Theory. Springer, Berlin, Heidelberg, 2004: 26—38.

[65] ARCHAK N, MIRROKNI V, MUTHUKRISHNAN S. Budget optimization for online advertising campaigns with carryover effects [C]. Sixth Ad Auctions Workshop. 2010, 6.

[66] ARNON A, MANSOUR Y. Repeated budgeted second price ad auction [J]. Theory of Computing Systems, 2014, 54 (3): 453—478.

[67] ASDEMIR K. A dynamic model of bidding patterns in sponsored search auctions [J]. Information Technology and Management, 2011, 12 (1): 1—16.

[68] ASHLAGI I, BRAVERMAN M, HASSIDIM A, et al. Position Auctions with Budgets: Existence and Uniqueness [J]. The BE Journal of Theoretical Economics, 2010, 10 (1): 1—32.

[69] ATHEY S, ELLISON G. Position auctions with consumer search [J]. The Quarterly Journal of Economics, 2011, 126 (3): 1213—1270.

[70] AUGENBLICK N. Consumer and producer behavior in the market for penny auctions：A theoretical and empirical analysis [J/OL]. Unpublished manuscript. Available at www. stanford. edu/ ~ ned789，2009.

[71] BABAIOFF M，IMMORLICA N，KEMPE D，et al. A knapsack secretary problem with applications [J]. Approximation，randomization，and combinatorial optimization. Algorithms and techniques，2007：16—28.

[72] BALSEIRO S R，BESBES O，WEINTRAUB G Y. Repeated auctions with budgets in ad exchanges：Approximations and design [J]. Management Science，2015，61 (4)：864—884.

[73] BASS F M. A simultaneous equation regression study of advertising and sales of cigarettes [J]. Journal of Marketing Research，1969，6 (3)：291—300.

[74] BENOIT J P，KRISHNA V. Multiple – object auctions with budget constrained bidders [J]. The Review of Economic Studies，2001，68 (1)：155—179.

[75] BHATTACHARYA S，CONITZER V，MUNAGALA K，et al. Incentive compatible budget elicitation in multi – unit auctions [C]. Proceedings of the twenty – first annual ACM – SIAM symposium on Discrete Algorithms. Society for Industrial and Applied Mathematics，2010：554—572.

[76] BORGS C，CHAYES J，IMMORLICA N，et al. Dynamics of bid optimization in online advertisement auctions

[C]. Proceedings of the 16th international conference on World Wide Web. 2007, 2: 531—540.

[77] BORGS C, CHAYES J, IMMORLICA N, et al. Mult – iunit auctions with budget – constrained bidders [C]. Proceedings of the 6th ACM Conference on Electronic Commerce. 2005, 6: 44—51.

[78] BU T M, DENG X, QI Q. Forward looking Nash equilibrium for keyword auction [J]. Information Processing Letters, 2008, 105 (2): 41—46.

[79] BU T M, DENG X, QI Q. Dynamics of strategic manipulation in ad – words auction [C]. Proc. of the 3rd Workshop on Ad Auctions, Banff, Canada, 2007.

[80] BU T M, DENG X, QI Q. Multi – bidding strategy in sponsored search auctions [J]. Journal of combinatorial optimization, 2012, 23 (3): 356—372.

[81] CARY M, DAS A, EDELMAN B, et al. Greedy bidding strategies for keyword auctions [C]. Proceedings of the 8th ACM Conference on Electronic Commerce. 2007: 262—271.

[82] CHAITANYA N, NARAHARI Y. Optimal equilibrium bidding strategies for budget constrained bidders in sponsored search auctions [J]. Operational Research, 2012, 12 (3): 317—343.

[83] CHAKRABARTY D, ZHOU Y, LUKOSE R. Budget constrained bidding in keyword auctions and online knapsack problems [C]. International Workshop on Internet and Network Eco-

nomics. Springer, Berlin, Heidelberg, 2008: 566—576.

[84] CHEN L, LI Y. Allocating budget across portals in search engine advertising [C]. 2009 International Conference on Management Science and Engineering. IEEE, 2009: 679—685.

[85] CHOLETTE S, ÖZLÜK Ö, PARLAR M. Optimal keyword bids in search – based advertising with stochastic advertisement positions [J]. Journal of Optimization Theory and Applications, 2012, 152 (1): 225—244.

[86] CLARKE E H. Multipart pricing of public goods [J]. Public Choice, 1971: 17—33.

[87] COLINI – BALDESCHI R, LEONARDI S, HENZINGER M, et al. On multiple keyword sponsored search auctions with budgets [J]. ACM Transactions on Economics and Computation (TEAC), 2015, 4 (1): 1—34.

[88] DANAHER P J, RUST R T. Determining the optimal return on investment for an advertising campaign [J]. European Journal of Operational Research, 1996, 95 (3): 511—521.

[89] DASGUPTA B, MUTHUKRISHNAN S. Stochastic budget optimization in internet advertising [J]. Algorithmica, 2013, 65 (3): 634—661.

[90] DENG X, YU J. A new ranking scheme of the GSP mechanism with Markovian users [C]. International Workshop on Internet and Network Economics. Springer, Berlin, Heidelberg, 2009: 583—590.

[91] DOBZINSKI S, LAVI R, NISAN N. Multi – unit auc-

tions with budget limits [J]. Games and Economic Behavior, 2012, 74 (2): 486—503.

[92] DOYA K. Reinforcement learning in continuous time and space [J]. Neural computation, 2000, 12 (1): 219—245.

[93] DOYLE P G, SNELL J L. Random walks and electric networks [M]. American Mathematical Soc., 1984.

[94] DOYLE P, SAUNDERS J. Multiproduct advertising budgeting [J]. Marketing Science, 1990, 9 (2): 97—113.

[95] DROSOS D, MARKAKIS E, STAMOULIS G D. Budget Constrained Bidding in Sponsored Search Auctions [J], Working Paper, 2010.

[96] DU R, HU Q, AI S. Stochastic optimal budget decision for advertising considering uncertain sales responses [J]. European Journal of Operational Research, 2007, 183 (3): 1042—1054.

[97] DUNG N. An analysis of optimal advertising under uncertainty [J]. Management Science, 1985, 31 (5): 622—633.

[98] EDELMAN B, OSTROVSKY M, SCHWARZ M. Internet advertising and the generalized second – price auction: Selling billions of dollars worth of keywords [J]. American economic review, 2007, 97 (1): 242—259.

[99] EDELMAN B, OSTROVSKY M. Strategic bidder behavior in sponsored search auctions [J]. Decision support systems, 2007, 43 (1): 192—198.

[100] EDELMAN B, SCHWARZ M. Optimal auction design

and equilibrium selection in sponsored search auctions [J]. American Economic Review, 2010, 100 (2): 597—602.

[101] ENGELBRECHT - WIGGANS R. State of the art - auctions and bidding models: a survey [J]. Management Science, 1980, 26 (2): 119—142.

[102] ERICKSON G M. Empirical analysis of closed - loop duopoly advertising strategies [J]. Management Science, 1992, 38 (12): 1732—1749.

[103] ERICKSON G M. Differential game models of advertising competition [J]. European Journal of Operational Research, 1995, 83 (3): 431—438.

[104] ESPINOSA M P, MARIEL P. A model of optimal advertising expenditures in a dynamic duopoly [J]. Atlantic Economic Journal, 2001, 29 (2): 135—161.

[105] FAM K S, YANG Z. Primary influences of environmental uncertainty on promotions budget allocation and performance: A cross - country study of retail advertisers [J]. Journal of Business Research, 2006, 59 (2): 259—267.

[106] FEICHTINGER G, HARTL R F, SETHI S P. Dynamic optimal control models in advertising: recent developments [J]. Management Science, 1994, 40 (2): 195—226.

[107] FEINBERG F M. On continuous - time optimal advertising under S - shaped response [J]. Management Science, 2001, 47 (11): 1476—1487.

[108] FELDMAN J, MUTHUKRISHNAN S, NIKOLOVA E,

et al. A truthful mechanism for offline ad slot scheduling [C]. International Symposium on Algorithmic Game Theory. Springer, Berlin, Heidelberg, 2008: 182—193.

[109] FELDMAN J, MUTHUKRISHNAN S, PAL M, et al. Budget optimization in search – based advertising auctions [C]. Proceedings of the 8th ACM conference on Electronic commerce. 2007, 6: 40—49.

[110] FENG J. Research note – Optimal mechanism for selling a set of commonly ranked objects [J]. Marketing Science, 2008, 27 (3): 501—512.

[111] FISCHER M, ALBERS S, WAGNER N, et al. Practice prize winner – dynamic marketing budget allocation across countries, products, and marketing activities [J]. Marketing Science, 2011, 30 (4): 568—585.

[112] FRIEDMAN L. A competitive – bidding strategy [J]. Operations research, 1956, 4 (1): 104—112.

[113] FRIEDMAN L. Game – theory models in the allocation of advertising expenditures [J]. Operations research, 1958, 6 (5): 699—709.

[114] FRUCHTER G E, DOU W. Optimal budget allocation over time for keyword ads in web portals [J]. Journal of optimization theory and applications, 2005, 124 (1): 157—174.

[115] FRUCHTER G E, KALISH S. Dynamic promotional budgeting and media allocation [J]. European Journal of Operational Research, 1998, 111 (1): 15—27.

[116] FUKUDA E, KAMIJO Y, TAKEUCHI A, et al. Theoretical and experimental investigations of the performance of keyword auction mechanisms [J]. The RAND Journal of Economics, 2013, 44 (3): 438—461.

[117] GAO S, LEE L H, CHEN C H, et al. A sequential budget allocation framework for simulation optimization [J]. IEEE Transactions on Automation Science and Engineering, 2015, 14 (2): 1185—1194.

[118] GHOSH A, MAHDIAN M. Externalities in online advertising [C]. Proceedings of the 17th international conference on World Wide Web. 2008: 161—168.

[119] GHOSE A, YANG S. An empirical analysis of search engine advertising: Sponsored search in electronic markets [J]. Management science, 2009, 55 (10): 1605—1622.

[120] Gibbons R. A primer in game theory [M]. New York: Wheatsheaf, 1992.

[121] GIOTIS I, KARLIN A R. On the equilibria and efficiency of the GSP mechanism in keyword auctions with externalities [C]. International workshop on internet and network economics. Springer, Berlin, Heidelberg, 2008: 629—638.

[122] GOMES R, IMMORLICA N, MARKAKIS E. Externalities in keyword auctions: An empirical and theoretical assessment [C]. International workshop on internet and network economics. Springer, Berlin, Heidelberg, 2009: 172—183.

[123] GOMES R, SWEENEY K. Bayes – Nash equilibria of

the generalized second - price auction [J]. Games and economic behavior, 2014, 86: 421—437.

[124] GONEN R, PAVLOV E. An adaptive sponsored search mechanism δ - gain truthful in valuation, time, and budget [C]. International Workshop on Web and Internet Economics. Springer, Berlin, Heidelberg, 2007: 341—346.

[125] GONEN R, VASSILVITSKII S. Sponsored search auctions with reserve prices: Going beyond separability [C]. International Workshop on Internet and Network Economics. Springer, Berlin, Heidelberg, 2008: 597—608.

[126] GREWAL D, BART Y, SPANN M, et al. Mobile advertising: a framework and research agenda [J]. Journal of Interactive Marketing, 2016, 34: 3—14.

[127] GROVES T. Incentives in teams [J]. Econometrica: Journal of the Econometric Society, 1973: 617—631.

[128] GUMMADI R, KEY P B, PROUTIERE A. Optimal bidding strategies in dynamic auctions with budget constraints [C]. 2011 49th Annual Allerton Conference on Communication, Control, and Computing (Allerton) . IEEE, 2011: 588—588.

[129] HAFALIR I E, RAVI R, SAYEDI A. Sort - cut: a pareto optimal and semi - truthful mechanism for multi - unit auctions with budget - constrained bidders [J]. Gsia Working Papers, 2009 (3).

[130] HAFALIR I E, RAVI R, SAYEDI A. A near Pareto optimal auction with budget constraints [J]. Games and Economic

Behavior, 2012, 74 (2): 699—708.

[131] HARSANYI J C, SELTEN R. A generalized Nash solution for two – person bargaining games with incomplete information [J]. Management science, 1972, 18 (5): 80—106.

[132] HATTORI H, YOKOO M, SAKURAI Y, et al. Determining bidding strategies in sequential auctions: Quasi – linear utility and budget constraints [J]. Systems and Computers in Japan, 2007, 38 (8): 72—83.

[133] HEGEMAN J. Facebook's ad auction [EB/OL]. Talk at Ad Auctions Workshop, 2010, 5.

[134] HOLTHAUSEN JR D M, ASSMUS G. Advertising budget allocation under uncertainty [J]. Management Science, 1982, 28 (5): 487—499.

[135] HOSANAGAR K, CHEREPANOV V. Optimal bidding in stochastic budget constrained slot auctions [C]. Proceedings of the 9th ACM Conference on Electronic Commerce, 2008: 20.

[136] JANSEN B J. Click fraud [J]. IEEE Computer, 2007, 40 (7): 85—86.

[137] JANSEN B J, MULLEN T. Sponsored search: an overview of the concept, history, and technology [J]. International Journal of Electronic Business, 2008, 6 (2): 114—131.

[138] JANSEN B J, SPINK A. Sponsored search: Is money a motivator for providing relevant results? [J]. IEEE Computer, 2007, 40 (8): 52—57.

[139] JERATH K, MA L, PARK Y H, et al. A "position

paradox" in sponsored search auctions [J]. Marketing Science, 2011, 30 (4): 612—627.

[140] JIA Q S. Efficient computing budget allocation for simulation - based optimization with stochastic simulation time [J]. IEEE Transactions on Automatic Control, 2012, 58 (2): 539—544.

[141] KAMIJO Y. Bidding behaviors for a keyword auction in a sealed - bid environment [J]. Decision support systems, 2013, 56: 371—378.

[142] KATONA Z, SARVARY M. The race for sponsored links: Bidding patterns for search advertising [J]. Marketing Science, 2010, 29 (2): 199—215.

[143] KEMPE D, MAHDIAN M. A cascade model for externalities in sponsored search [C]. International Workshop on Internet and Network Economics. Springer, Berlin, Heidelberg, 2008: 585—596.

[144] KEMPE D, MUALEM A, SALEK M. Envy - free allocations for budgeted bidders [C]. International Workshop on Internet and Network Economics. Springer, Berlin, Heidelberg, 2009: 537—544.

[145] KRISHNA V. Auction theory [M]. Academic press, 2009.

[146] KLEMPERER P. Why every economist should learn some auction theory [J]. Available at SSRN Electronic Journal241350, 2000.

[147] KLEMPERER P. Auctions: theory and practice [M]. Princeton University Press, 2004.

[148] KOH Y. Keyword auctions with budget - constrained bidders [J]. Review of Economic Design, 2013, 17 (4): 307—321.

[149] KOPP R E. Pontryagin maximum principle [J]. Mathematics in Science and Engineering, 1962, 5: 255—279.

[150] KRISHNAN T V, JAIN D C. Optimal dynamic advertising policy for new products [J]. Management Science, 2006, 52 (12): 1957—1969.

[151] LAHAIE S, PENNOCK D M. Revenue analysis of a family of ranking rules for keyword auctions [C]. Proceedings of the 8th ACM Conference on Electronic Commerce. 2007: 50—56.

[152] LAI Y J. Hierarchical optimization: a satisfactory solution [J]. Fuzzy sets and systems, 1996, 77 (3): 321—335.

[153] LEITMANN G, SCHMITENDORF W. Profit maximization through advertising: a nonzero sum differential game approach [J]. IEEE Transactions on Automatic Control, 1978, 23 (4): 645—650.

[154] LINDEN G, MEEK C, CHICKERING M. The pollution effect: Optimizing keyword auctions by favoring relevant advertising [J]. arXiv preprint arXiv: 1109, 6263, 2011.

[155] LITTLE J D C. Aggregate advertising models: The state of the art [J]. Operations research, 1979, 27 (4): 629—667.

[156] LIU B, LIU Y K. Expected value of fuzzy variable and

fuzzy expected value models [J]. IEEE transactions on Fuzzy Systems, 2002, 10 (4): 445—450.

[157] LIU S. Theoretical Analysis of the VCG Mechanism for Sponsored Search Auctions by a Comprehensive Utility [J]. Working Paper, 2015.

[158] LIU Y K. Fuzzy programming with recourse [J]. International Journal of Uncertainty, Fuzziness and Knowledge – Based Systems, 2005, 13 (04): 381—413.

[159] LOW G S, MOHR J J. Advertising vs sales promotion: a brand management perspective [J]. Journal of product & brand management, 2000, 9 (6): 389—414.

[160] LU S, ZHU Y, DUKES A. Position auctions with budget constraints: Implications for advertisers and publishers [J]. Marketing Science, 2015, 34 (6): 897—905.

[161] MAHDIAN M, WANG G. Clustering – based bidding languages for sponsored search [C]. European Symposium on Algorithms. Springer, Berlin, Heidelberg, 2009: 167—178.

[162] MATTHEWS S A. A Technical Primer on Auction Theory I: Independent Private Values [J], CMSEMS Discussion Paper No. 1096, Northwestern University, 1995.

[163] MCAFEE R P, MCMILLAN J. Auctions and bidding [J]. Journal of economic literature, 1987, 25 (2): 699—738.

[164] MEHTA A, SABERI A, VAZIRANI U, et al. Adwords and generalized online matching [J]. Journal of the ACM (JACM), 2007, 54 (5): 264—273.

[165] MILGROM P R, WEBER R J. A theory of auctions and competitive bidding [J]. Econometrica: Journal of the Econometric Society, 1982: 1089—1122.

[166] MILGROM P R. The economics of competitive bidding: a selective survey [J]. Social goals and social organization, 1985: 261—289.

[167] MILGROM P R. Auction theory [M]. Cambridge University Press, 1987.

[168] MILGROM P R. Putting auction theory to work [M]. Cambridge University Press, 2004.

[169] MILGROM P R. Simplified mechanisms with an application to sponsored - search auctions [J]. Games and Economic Behavior, 2010, 70 (1): 62—70.

[170] MILLER N, PAZGAL A. Advertising budgets in competitive environments [J]. Quantitative Marketing and Economics, 2007, 5 (2): 131—161.

[171] MUTHUKRISHNAN S, P? L M, SVITKINA Z. Stochastic models for budget optimization in search - based advertising [J]. Algorithmica, 2010, 58 (4): 1022—1044.

[172] NASH J F. Equilibrium points in n - person games [J]. Proceedings of the national academy of sciences, 1950, 36 (1): 48—49.

[173] NERLOVE M, ARROW K J. Optimal advertising policy under dynamic conditions [J]. Economica, 1962: 129—142.

[174] NISAN N, SCHAPIRA M, VALIANT G, et al. Best

– response auctions [C]. Proceedings of the 12th ACM conference on Electronic commerce. 2011: 351—360.

[175] ÖZLÜK Ö, CHOLETTE S. Allocating expenditures across keywords in search advertising [J]. Journal of Revenue and Pricing management, 2007, 6 (4): 347—356.

[176] PAGNOZZI M. Overbidding to harm competitors: Sequential auctions with budget constraints [J]. Rivista di Politica Economica, 2006, 96 (5): 135—162.

[177] PIN F, KEY P. Stochastic variability in sponsored search auctions: observations and models [C]. Proceedings of the 12th ACM conference on Electronic commerce. 2011: 61—70.

[178] PRASAD A, SETHI S P. Competitive advertising under uncertainty: A stochastic differential game approach [J]. Journal of Optimization Theory and Applications, 2004, 123 (1): 163—185.

[179] PRUYN A, RIEZEBOS R. Effects of the awareness of social dilemmas on advertising budget – setting: A scenario study [J]. Journal of economic psychology, 2001, 22 (1): 43—60.

[180] QI Q. Cooperative or vindictive: Bidding strategies in sponsored search auction [C]. International Workshop on Web and Internet Economics. Springer, Berlin, Heidelberg, 2007: 167—178.

[181] RAO A G, RAO M R. Optimal budget allocation when response is S – shaped [J]. Operations Research Letters, 1983, 2 (5): 225—230.

[182] RAVI R, HAFALIR I, SAYEDI A. Sort – cut: a pareto – optimal and semi – truthful mechanism for multi – unit auctions with budget – constrained bidders [C]. In Fifth Workshop on AdAuctions, 2009, 7.

[183] RILEY J G, SAMUELSON W F. Optimal auctions [J]. The American Economic Review, 1981, 71 (3): 381—392.

[184] RUSMEVICHIENTONG P, WILLIAMSON D P. An adaptive algorithm for selecting profitable keywords for search – based advertising services [C]. Proceedings of the 7th ACM Conference on Electronic Commerce, 2006: 260—269.

[185] SAKURAI Y, IWASAKI A, YOKOO M. Keyword auction protocol for dynamically adjusting the number of advertisements [J]. Web Intelligence and Agent Systems: An International Journal, 2010, 8 (4): 331—341.

[186] SASIENI M W. Optimal advertising expenditure [J]. Management science, 1971, 18 (4): 64—72.

[187] SETHI S P. Dynamic optimal control models in advertising: a survey [J]. SIAM review, 1977, 19 (4): 685—725.

[188] SETHI S P. Optimal advertising for the Nerlove – Arrow model under a budget constraint [J]. Journal of the Operational Research Society, 1977, 28 (3): 683—693.

[189] SETHI S P. Deterministic and stochastic optimization of a dynamic advertising model [J]. Optimal Control Applications and Methods, 1983, 4 (2): 179—184.

[190] SHAKUN M F. Advertising expenditures in coupled markets - a game - theory approach [J]. Management Science, 1965, 11 (4): 42—47.

[191] SIMON J L, ARNDT J. The shape of the advertising response function [J]. Journal of Advertising Research, 1980, 20 (4): 11—28.

[192] SISSORS J Z, BARON R B. Advertising media planning [M], McGraw - Hill Press, 2002.

[193] SODOMKA E, LAHAIE S, HILLARD D. Hierarch cal model for estimating values in sponsored search [J]. Working-paper, 2012.

[194] SRIRAM S, KALWANI M U. Optimal advertising and promotion budgets in dynamic markets with brand equity as a mediating variable [J]. Management Science, 2007, 53 (1): 46—60.

[195] THOMAS L. Non - linear pricing with budget constraint [J]. Economics Letters, 2002, 75 (2): 257—263.

[196] TSUNG C K, HO H J, LEE S L. Bid Increment Adjusting Strategies in English Auction - based Sponsored Search [J]. Applied Mathematics & Information Sciences, 2014, 8 (3): 1377—1387.

[197] TULL D S, VAN WOOD R, DUHAN D, et al. "Leveraged" decision making in advertising: The flat maximum principle and its implications [J]. Journal of Marketing Research, 1986, 23 (1): 25—32.

[198] URBAN G L. Allocating ad budgets geographically [J]. Journal of Advertising Research, 1975, 15 (6): 7—16.

[199] VARIAN H R. Position auctions [J]. International Journal of Industrial Organization, 2007, 25 (6): 1163—1178.

[200] VARIAN H R, HARRIS C. The VCG auction in theory and practice [J]. American Economic Review, 2014, 104 (5): 442—445.

[201] VENKATESAN R, KUMAR V. A customer lifetime value framework for customer selection and resource allocation strategy [J]. Journal of marketing, 2004, 68 (4): 106—125.

[202] VICKREY W. Counterspeculation, auctions, and competitive sealed tenders [J]. The Journal of finance, 1961, 16 (1): 8—37.

[203] VICKREY W. Auctions and bidding games [J]. Recent advances in game theory, 1962, 29: 15—27.

[204] VIDALE M L, WOLFE H B. An operations – research study of sales response to advertising [J]. Operations research, 1957, 5 (3): 370—381.

[205] WANG F Y. The emergence of intelligent enterprises: From CPS to CPSS [J]. IEEE Intelligent Systems, 2010, 25 (4): 85—88.

[206] WILSON R. Strategic analysis of auctions [J]. Handbook of game theory with economic applications, 1992 (1): 227—279.

[207] XIAO H, LEE L H, CHEN C H. Optimal budget allo-

cation rule for simulation optimization using quadratic regression in partitioned domains [J]. IEEE Transactions on Systems, Man, and Cybernetics: Systems, 2015, 45 (7): 1047—1062.

[208] YANG Y W, WANG F Y. Budget constraints and optimization in sponsored search auctions [M]. Zhejiang University Press, 2014.

[209] YANG Y W, LI J, ZHANG J, et al. Budget allocation in competitive search advertisements [C]. Proc. 21st Workshop Information Technologies and Systems. 2011: 219—220.

[210] YANG Y W, WANG F, ZENG D, et al. On optimal budget allocation for keyword auctions across search engines [J]. Science & Technology Review, 2011, 29 (4): 18—24.

[211] YANG Y W, YANG Y C, LIU D, et al. Dynamic budget allocation in competitive search advertising: adifferential game approach [J]. Social Science Electronic Publishing, 2016.

[212] YANG Y, ZENG D, YANG Y, et al. Optimal budget allocation across search advertising markets [J]. Informs Journal on Computing, 2015, 27 (2): 285—300.

[213] YANG Y, ZHANG J, QIN R, et al. A budget optimization framework for search advertisements across markets [J]. IEEE Transactions on Systems, Man, and Cybernetics - Part A: Systems and Humans, 2011, 42 (5): 1141—1151.

[214] YANG Y, ZHANG J, QIN R, et al. Budget strategy in uncertain environments of search auctions: A preliminary investigation [J]. IEEE transactions on services Computing, 2012, 6

(2): 168—176.

[215] YAO S, MELA C F. Sponsored search auctions: Research opportunities in marketing [M]. Now Publishers Inc, 2009.

[216] YOON K. Optimal quality scores in sponsored search auctions: Full extraction of advertisers′surplus [J]. The BE Journal of Theoretical Economics, 2010, 10 (1): 1—9.

[217] YUAN J. Comparing different yahoo sponsored search auctions: a regression discontinuity design approach [M]. University of Minnesota, 2008.

[218] ZHANG J, YANG Y, LI X, et al. Dynamic dual adjustment of daily budgets and bids in sponsored search auctions [J]. Decision support systems, 2014, 57: 105—114.

[219] ZHANG W, ZHANG Y, GAO B, et al. Joint optimization of bid and budget allocation in sponsored search [C]. Proceedings of the 18th ACM SIGKDD international conference on knowledge discovery and data mining. 2012: 1177—1185.

[220] ZHOU B J, QI W, CHEN L G, et al. Online sponsored search budget allocation across search engines: a simulation analysis [J]. Applied Mechanics and Materials. 2014, 577: 926—930.

[221] ZHOU B J, QI W, ZHANG S Y, et al. Research on optimal policy of budget allocation cross GSP search engines [C]. 2014 IEEE 7th Joint International Information Technology and Artificial Intelligence Conference. IEEE, 2014: 139—143.

[222] ZHOU Y, CHAKRABARTY D, LUKOSE R. Budget constrained bidding in keyword auctions and online knapsack problems [C]. International Workshop on Internet and Network Economics. Springer, Berlin, Heidelberg, 2008: 566—576.

[223] ZHOU Y, LUKOSE R. Vindictive bidding in keyword auctions [C]. Proceedings of the ninth international conference on Electronic commerce. 2007: 141—146.

[224] ZHOU Y, NARODITSKIY V. Algorithm for stochastic multiple - choice knapsack problem and application to keywords bidding [C]. Proceedings of the 17th international conference on world wide web. 2008, 4: 1175—1176.

附录 A　第四—第六章数值模拟 MATLAB 源程序

附录 1. “图 4.1 提高报价对广告主所在广告位点击率的影响” MATLAB 源程序

```
clc
clear all
t=0: 0.001: 1;
c1 =4. * (t> =0 & t< =1);
plot (t, c1,'-b');
hold on
c2 =2. * (t> =0 & t<0.5) +4. * (t> =0.5 & t< =1);
plot (t, c2,'——r','linewidth', 2)
set (gca,'ytick', [],'yticklabel', [])
axis ( [0 1 0 6])
xlabel ('时间 t')
ylabel ('点击率 c')
```

```
legend ('广告主 i','广告主 i+1', 2)
legend ('boxoff')
```

附录2. “图 6.1 广告主 1 收益随预算的变化情况” MATLAB 源程序

```
%本程序演示广告主 1 收益随预算的变化而变化的情况
clc
clear all
tic
N=2; %广告主数量
S=1; %广告位个数
c= [1, 0]; %点击率 (点击数)
v= [8, 2]; %广告主估价
b= [5, 5]; %广告主报价
B=zeros (1, N); %广告主预算初值
t=0; %广告主 1 参与竞价时间
j=0.08;
i=1;
while B (1) <=8
B (1) =B (1) +j;
t1=B (1) / (c (1) *b (2)); %广告主 1 在第一位的时间
if t1>1
t1=1;
end
```

u1 = c（1） * t1 * （v（1） - b（2））;% 广告主 1 在第一位时的收益变化

B（2） = B（2） + j;

t2 = B（2）/（c（1） * b（1））; % 广告主 1 向下偏离到第 2 位后，广告主 2 在第一位的时间

if t2 > 1

t2 = 1;

end

u2 = c（1） * （1 - t2） * v（1）; % 广告主 1 向下偏离到第 2 位时的收益变化

fprintf（'第% 2.0f 次迭代广告主 1 在第一位的收益为% g \ n 广告主 1 向下偏离后的收益为% g \ n', i, u1, u2）;

plot（B（1）, u1,': r'）% 画图广告主 1 在第一位时收益随预算的变化情况

axis（[0 8 0 10]）% 坐标轴范围

set（gca,'XTick', [0: 0.5: 8]）;% 设置要显示坐标刻度

hold on

plot（B（2）, u2,'pb'）% 画图广告主 1 向下偏离后收益随预算的变化情况

i = i + 1;

end

title（'广告主 1 的收益随预算的变化情况'）

xlabel（'广告主预算'）

ylabel（'广告主 1 收益'）

text（5.2, 0.6,'Downward deviation','fontsize', 11）

text（5.5，3.3,'Initial position','fontsize'，11）

legend（'广告主1在原位（第一位）的收益','广告主1向下偏离后的收益'，1）

toc

附录3.“图6.2 广告主2收益随预算的变化情况”MATLAB源程序

```
%本程序演示广告主2收益随预算的变化而变化的情况
clc
clear all
tic
N=2；%广告主数量
S=1；%广告位个数
c=［1，0］；%点击率（点击数）
v=［8，2］；%广告主估价
b=［5，5］；%广告主报价
B=zeros（1，N）；%广告主预算初值
t=0；%广告主1参与竞价时间
j=0.08；
i=1；
while B（1）<=8
B（1）=B（1）+j；
t1=B（1）/（c（1）*b（2））；%广告主1在第一位的时间
if t1>1
```

```
t1 =1;
end
u3 =c (1) * (1 -t1) *v (2); %广告主2在第2位时的收益变化
B (2) =B (2) +j;
t2 =B (2) / (c (1) *b (1)); %广告主2向上偏离到第一位后，广告主2在第一位的时间
if t2 >1
t2 =1;
end
u4 =c (1) *t2* (v (2) -b (1));%广告主2向上偏离到第一位时的收益变化
fprintf ('第%2.0f次迭代广告主2在第2位的收益为%g\n广告主2向上偏离后的收益为%g\n', i, u3, u4);
axis ([0 8 -3 10]) %坐标轴范围
set (gca,'XTick', [0: 0.5: 8]);%设置要显示坐标刻度
plot (B (1), u3,'*g')%画图广告主2在第2位时收益随预算的变化情况
hold on
plot (B (2), u4,': r')%画图广告主2向上偏离后收益随预算的变化情况
i =i +1;
end
xlabel ('广告主预算')
ylabel ('广告主2收益')
```

```
text（5.5，0.5,'Initial position','fontsize'，11）
text（5.5，-2.3,'Upward deviation','fontsize'，11）
legend（'广告主2在原位（第2位）的收益','广告主2向上偏离后的收益'，1）
toc
```

附录 B　广告主报价下界的相关结论

报价向量（b_j^{LL}）$_{j\in N}\in\mathcal{B}^{SNE}$，即报价向量（$b_j^{LL}$）$_{j\in N}$是对称纳什均衡。

证明：只需证明（b_j^{LL}）$_{j\in N}$满足式（4.3），即

c_j（$v_j-b_{j+1}^{LL}$）$\geqslant c_l$（$v_j-b_{l+1}^{LL}$），对任意 l, j　　（B.1）

由 Varian（2007）论文中的 Fact 5 可知，只需证明当 $l=j-1$，$j+1$ 时，上式成立。

由 Koh（2013）中的 2.1 节可知，

$$b_j^{LL}=\frac{1}{c_{j-1}}\sum_{k=j}^{s}(c_{k-1}-c_k)v_k,$$

则广告主 j 在第 $j+1$ 位的支付为

$$c_{j+1}b_{j+2}^{LL}=\sum_{k=j+2}^{s+1}(c_{k-1}-c_k)v_k,$$

而他在第 j 位的支付为

$$c_jb_{j+1}^{LL}=\sum_{k=j+1}^{s+1}(c_{k-1}-c_k)v_k=(c_j-c_{j+1})v_{j+1}+c_{j+1}b_{j+2}^{LL},$$

从而

$$c_j\ (v_j - b_{j+1}^{LL})\ - c_{j+1}\ (v_j - b_{j+2}^{LL})$$
$$= c_j v_j - \lfloor\ (c_j - c_{j+1})\ v_{j+1} + c_{j+1} b_{j+2}^{LL} \rfloor\ - c_{j+1} v_j + \ c_{j+1} b_{j+2}^{LL}$$
$$=\ (c_j - c_{j+1})\ v_j -\ (c_j - c_{j+1})\ v_{j+1}$$
$$=\ (c_j - c_{j+1})\ (v_j - v_{j+1})\ > 0。$$

同理，广告主 j 在第 $j-1$ 位的支付为

$$c_{j-1} b_j^{LL} = \sum_{k=j}^{s+1} (c_{k-1} - c_k) v_k = (c_{j-1} - c_j) v_j + c_j b_{j+1}^{LL} ,$$

从而

$$c_j\ (v_j - b_{j+1}^{LL})\ - c_{j-1}\ (v_j - b_j^{LL})$$
$$= c_j\ (v_j - b_{j+1}^{LL})\ \ - c_{j-1} v_j +\ (c_{j-1} - c_j)\ v_j + \ c_j b_{j+1}^{LL}$$
$$=\ (c_j - c_{j-1})\ v_j +\ (c_{j-1} - c_j)\ v_j$$
$$= 0。$$

综上所述，式（B. 1）对 $l = j-1$，$j+1$ 都成立。该定理得证。

附录 C　广告主报价向量的支付下界的相关证明

报价向量 $b = (b_j)_{j \in N} = (v_j)_{j \in N}$ 满足全局无嫉妒纳什均衡。

证明：由于 $b = (b_j)_{j \in N} = (v_j)_{j \in N}$，所以广告主 j 的支付 $p_j = p_j^{LL}$。要证报价向量 b 是全局无嫉妒纳什均衡，只需证明

$$c_i v_i - p_i^{LL} \geqslant c_j v_i - p_j^{LL}, \forall i, j$$

(1) 当 $j > i$ 时，有

$$c_i v_i - p_i^{LL} - (c_j v_i - p_j^{LL}) = (c_i - c_j) v_i - p_i^{LL} + p_j^{LL}$$

由式（5.4）可得

$$(c_i - c_j) v_i - \sum_{k=i}^{s-1} (c_k - c_{k+1}) v_{k+1} + \sum_{k=j}^{s-1} (c_k - c_{k+1}) v_{k+1}$$

展开化简得

$$(c_i - c_j) v_i - (c_i - c_{i+1}) v_{i+1} - \dots - (c_{j-1} - c_j) v_j$$

由于 $v_i \geqslant v_{i+1}$，前两项合并化简得

$$(c_{i+1} - c_j) v_i - (c_{i+1} - c_{i+2}) v_{i+2} - \dots - (c_{j-1} - c_j) v_j$$

继续进行下去，可得

$\geqslant \ldots \geqslant (c_{j-1} - c_j)v_i - (c_{j-1} - c_j)v_j \geqslant 0$

（2）当 $j < i$ 时，有

$c_i v_i - p_i^{LL} - (c_j v_i - p_j^{LL}) = (c_i - c_j)v_i - p_i^{LL} + p_j^{LL}$

由（5.4）式可得

$$(c_i - c_j)v_i - \sum_{k=i}^{s-1}(c_k - c_{k+1})v_{k+1} + \sum_{k=j}^{s-1}(c_k - c_{k+1})v_{k+1}$$

把 $(c_i - c_j)v_i$ 放在最后，展开化简得

$(c_j - c_{j+1})v_{j+1} + (c_{j+1} - c_{j+2})v_{j+2} + \ldots + (c_{i-1} - c_i)v_i + (c_i - c_j)v_i$

由于 $v_{j+1} \geqslant v_{j+2}$，前两项合并化简得

$\geqslant (c_j - c_{j+2})v_{j+2} + (c_{j+2} - c_{j+3})v_{j+3} + \ldots + (c_{i-1} - c_i)v_i + (c_i - c_j)v_i$

一直进行下去可得

$\geqslant \ldots \geqslant (c_j - c_i)v_i + (c_i - c_j)v_i = 0$

综上，报价向量 $b = (b_j)_{j \in N} = (v_j)_{j \in N}$ 是全局无嫉妒纳什均衡，即证。